時間はない。アピールするためのフレーズを集めている余裕もない。

そこで、受験生に小論文問題に狙われる知識を整理し、合格のためのフレーズを受験生にもわかりやすく示したのが本書だ。本書の示したフレーズをきちんと理解したうえで小論文の中で用いれば、きっと採点者に高い評価が得られるだろう。

なお、本書は『受かる小論文の絶対ルール』『まるごと図解　面白いほど点がとれる！小論文』（小社刊）の続編として企画したものだ。論理的な文章の書き方、小論文を書くためのノウハウについては、それらをご覧いただきたい。

多くの人に本シリーズによって小論文の力をつけて、合格を勝ち取っていただきたい。読者諸君の合格を祈っている。

樋口　裕一

はじめに

大学入試小論文の対策に困っている人が多いそうだ。

もちろん、大学に合格する小論文を書くためには、論理的に書く力を身につけなければならない。だが、いうまでもなく、それだけでは、十分ではない。ほかにも大事なものがある。それは知識とその知識をアピールするための印象的なフレーズだ。

知識があってこそ、的確に問われていることの問題点を理解できるし、しっかりと論を組み立てることができる。説得力のある具体例を示すこともできる。

そして、その知識があることを示すフレーズがあってこそ、採点者にアピールできる。しかも、フレーズを頭に入れておけば、それを軸にして自分の小論文を組み立てることもできる。うまくフレーズを使えないと、たとえ知識があっても、それを採点者に示すことができない。せっかく知識がありながら、それを示せず、どう書いてよいかわからずに破綻してしまう受験生が何と多いことか。

ところが、受験生には、小論文試験に出題されるかもしれない膨大な知識を蓄えている

樋口裕一 Yuichi Higuchi
白藍塾講師 山口雅敏

大学受験

試験にでる小論文 最新版

10大テーマの受かる書き方

青春出版社

目次

第1部

基礎編 小論文の点のとり方、知っておくべき7つの重大事項

第2部 実践編 論点すっきり！ 試験にでる「10大テーマ」の受かる書き方

特別付録 これから出題が予想される 学部系統別テーマ&キーワード集

本文デザイン・DTP 岡崎理恵

この本の活用法

この本は、「第1部　基礎編」「第2部　実践編」「特別付録」の三部から成っている。

第1部は、必ずはじめに読んでほしい。Ｐｏｉｎｔ１・２では、小論文の書き方の基本「樋口式四部構成」を確認しよう。Ｐｏｉｎｔ３～５では、合格小論文を書くには知識が大事であることを理解しよう。Ｐｏｉｎｔ６・７では、「合格フレーズ」とは何かを知ろう。ここで「合格フレーズ」が合格の決め手になるということをよく理解してほしい。

第2部では、入試小論文によく出る10大テーマについて、いくつかの「合格フレーズ」を紹介し、詳しい解説をつけている。この第2部は実際に活用してほしいので、必ずしも端から端まですべて丁寧に読まなくてもかまわない。

まず、自分が興味のあるテーマや、志望学部でよく出るテーマを選んで、「合格フレーズ」とその解説を一通り読むとよい。ただし、現在では、必ずしもその学部の専門的な課題だけでなく、隣接的なテーマも出題されることが多いので、テーマをあまり狭く限定しないほうがよい。

次に、必要な「合格フレーズ」を覚えよう。そして、その「合格フレーズ」の解説の内容を自分なりに説明できるようにしよう。「合格フレーズ」を引き出しのようにして、そこを開ければ必要な知識が出てくるようにするのだ。

最後に、小論文で「合格フレーズ」を使ってみよう。10大テーマごとに、小論文の応用例を載せているので、それを参考にして、自分で小論文を書いてみてもよいだろう。あとは、入試本番で「合格フレーズ」を使って書くだけだ。

このように「合格フレーズ」を実際に使えるようにしておくと、知識が身についてくるので、小論文の課題文を読み解く力もついてくる。「キーワード」も合わせて覚えておくと、さらに知識がつくので、難しい文章が出ても読みこなせるようになるはずだ。もちろん、国語の力もアップする。

特別付録では、今後出題されそうなテーマやキーワードを、学部系統別に紹介している。ここは、自分の志望する学部が決まったあとで、必要なところだけ読めばよい。推薦図書も、自分の志望学部に関連するものだけ読んでおくとよい。

第2部の10大テーマを、学部系統別に分けると、次のようになる。「合格フレーズ」を覚える際の目安にしてほしい。

人文・文学・外国語系……「グローバル化」「日本文化」「情報化」「コロナ後の世界」

教育系……………「ボランティア・福祉」「教育」「情報化」「コロナ後の世界」

法・政治系…………「グローバル化」「ボランティア・福祉」
「民主主義と日本の政治」「少子高齢化・人口減少」
「情報化」「持続可能な社会」「コロナ後の世界」

経済・商・経営系……「グローバル化」「少子高齢化・人口減少」
「情報化」「コロナ後の世界」

医療・福祉系………「ボランティア・福祉」「医療」「コロナ後の世界」

農・理工・生活系……「持続可能な社会」「コロナ後の世界」

環境情報・総合政策系…「情報化」「持続可能な社会」「グローバル化」
「ボランティア・福祉」「民主主義と日本の政治」
「少子高齢化・人口減少」「コロナ後の世界」

なお、先ほども書いたとおり、専門的なテーマだけが出題されるわけではない。最終的に暗記するほど読むのは自分の志望学部系のテーマだけでよいが、それまでは、少し関心を広げて、志望している学部に近い学部のテーマも読むのが望ましい。

第1部

基礎編

小論文の点のとり方、知っておくべき7つの重大事項

Point 1

小論文と作文は大きく違う

小論文が入試科目に加わってかなり時間がたつ。一般には、高校ではあまり小論文は指導されていないが、大学は小論文を求めている。なぜか。それは、これからの時代、小論文の力が必要不可欠だからだ。

これまでの時代、多くの会社員が上司の命令の通りに動いていればよかった。だが、情報社会ではそうはいかない。自分で社会を分析し、自分の考えをしっかりと持ち、それを他人に分かるように発信し、人々を説得しなければならない。そのような力を持っていてこそ、グローバル社会を生き抜ける。だから、大学は、そのような力を持つ学生を入学させようとしている。そして、そのためには、分析力と論理力と文章力が必要な小論文を入試問題に課すのが最も合理的なのだ。

ところが、「文章を書くのが苦手なので、小論文を課す大学は敬遠したい」「小論文は勉強のしようがないので難しい」――こんなふうに思って、小論文入試を避けようとしている受験生も多いかもしれない。

こうした受験生に、少しだけ答えておこう。

まずはっきりしておくべきなのは、文章を書くのが苦手でも、小論文は書けるということだ。**小論文は作文とは違うので、文章の上手下手は関係がない**。日本語として読めないような文章では論外だけれども、受験生として平均的な文章力があれば、だれでも書ける。作文は読み手に感銘を与えたりしないといけない。これには文章の巧《うま》さも関係してくる。一方、小論文は、読み手を説得し、納得させるために書くので、文章の巧さは必要ない。いくら文章に凝っても、内容が幼稚では絶対に評価されない。**小論文は文章の巧さよりも、論理的に書けているかどうかのほうが大事なのだ**。

それに、小論文の勉強は、「しようがない」どころか、効果的な勉強法がある。しかも、すぐに力がつく。本書にこれから説明することだけでもきちんと身につけておけば、それなりの小論文になる。

とはいえ、小論文は書き方を知っただけでは書けない。知識があり、社会に対して自分なりに考えることができなければ、いくら書き方を知っていても書けない。知識があり、自分なりに考えを持っていてこそ、合格レベルの小論文が書ける。だが、それについても、特に難しいことが求められているわけではない。本書の第2部にまとめた内容をしっかりと頭に入れておけば、十分に合格点がとれる。

つまり、**小論文というのは、難しそうに見えて、意外と簡単に点のとれる科目なのだ。**

Point 2 この「型」通りに書くだけで小論文になる

では、どのように学習すればよいのか。

とても高い問題意識があって、普段から自分で本をたくさん読んでいるような高校生であれば、自己流で小論文を書いても合格することはある。以前はそういう受験生が結構いて、自己流で書いてはいるのだが、びっくりするくらい鋭いことを述べていたりもした。

しかし、自己流はリスクも大きい。失敗したら、それこそ目も当てられない。それでも自己流で通すというのなら構わないが、今この本を読んでいる受験生は、自己流に不安を感じているからこそ、そうしているはずだ。

もう言うまでもないと思うが、入試で失敗しないためには、これから指導する「樋口式四部構成」をマスターするのが手っ取り早い。これをマスターしておけば、とにかく小論文の形になる。まずはこれだけで、自己流で何とかなると小論文を甘く見ている受験生よ

この型を使えばどんな文章も論理的になる

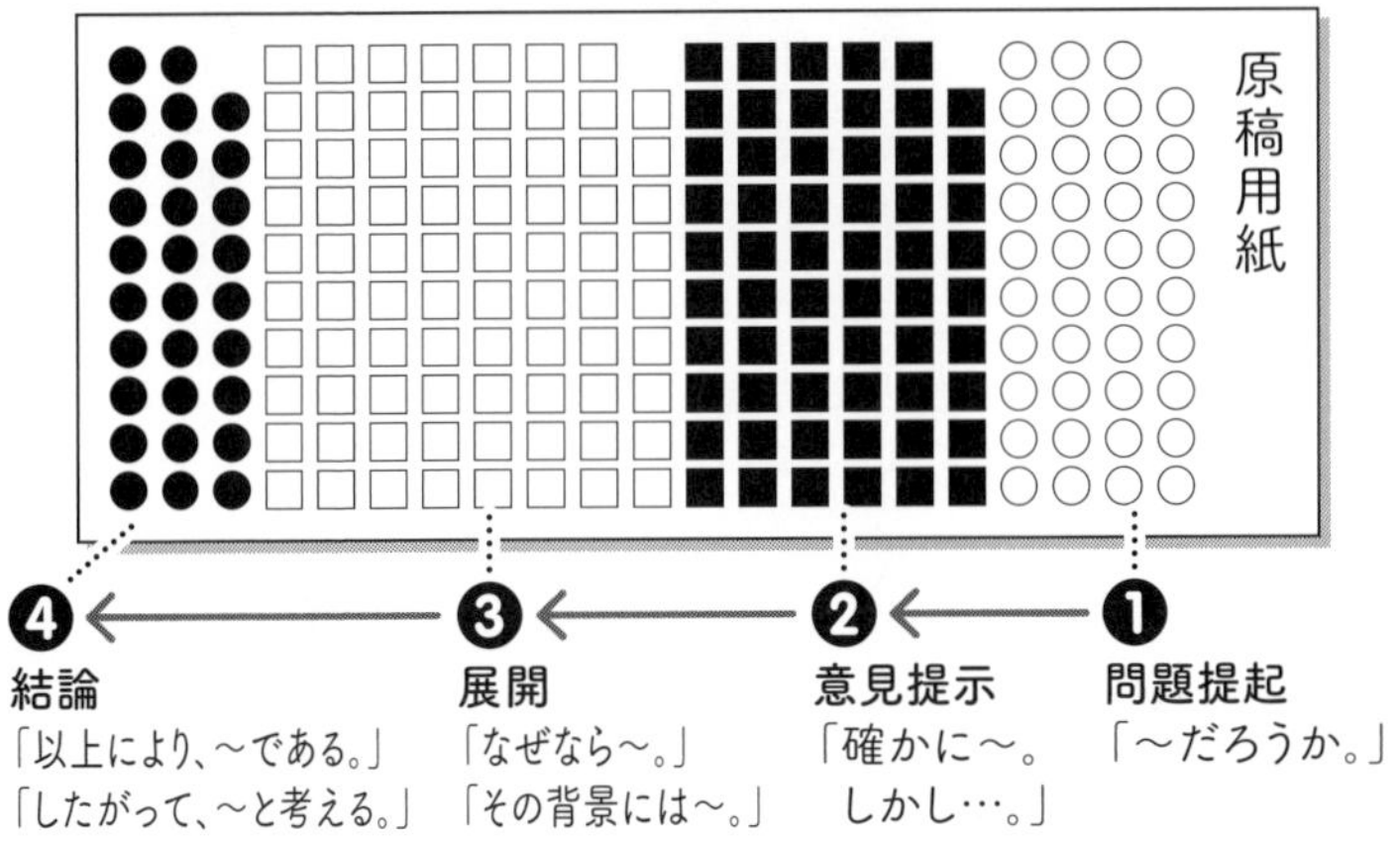

りは、一歩も二歩もリードできる。

樋口式四部構成をまだ学んでいない人のために、どういったものなのかを確認していこう。

第一部　問題提起

これから問題にすることを簡単に説明した上で、その問題点についてイエス・ノーで答えられる問いを立てる。全体の字数の一〇～二〇パーセント。

第二部　意見提示

予想される反対意見を考慮した上で、イエス・ノーのどちらの立場をとるのかはっきり示す。「確かに～。しかし……」を使うとよい。「確かに～」で、予想される反対意見を示し、「しかし……」で、自分の立場を明確にする。なお、「確かに～」で反対意見について書きすぎたり、「しかし……」で自分の意見を説明しすぎたりしないように注意する必要がある。全体の字数の三〇〜四〇パーセント。

第三部　展開

ここで自分の主張の正しさを論証する。なぜイエスなのか、あるいは、なぜノーなのかの理由や根拠を中心に書く。必要に応じて、「原因」「背景」「歴史的経緯」「結果」なども書くと、内容が深まる。ここがもっとも長くなるように字数配分する。全体の字数の四〇〜五〇パーセント。

第四部　結論

全体の議論を総括して、結論を述べる。はじめに立てた問いに対して、イエス・ノーを答えるのが基本。余計な付け足しなどはしなくてよい。全体の字数の一〇パーセント以下。

なお、小論文の書き方についてもっと詳しく学びたい人は、『受かる小論文の絶対ルール』『まるごと図解 面白いほど点がとれる！ 小論文』を参照してほしい。

Point 3 出題パターンに合わせた攻略法を押さえておく

樋口式四部構成をマスターすれば、どんな出題形式の小論文にも対応できる。もちろん、「○○について」というようにタイトルだけ与えられる課題に関しては、先ほど説明した通り、第一段落で、それをイエス・ノーで答える形にして、問題提起する。

近年、課題文の内容についての賛否を論じるのではなく、自分なりのアイデア、自分なりの解決策などを提案するタイプの問題も増えているが、その場合も基本的に変わりはない。アイデアを語るときも、「私はこう考える」と最初に自分の案を示して、それが正しいかどうかを検証する形をとればよい。そうすれば、イエス・ノーを問う形として基本通りに書くことができる。

実際の小論文問題は、文章を読ませて意見を述べさせるものが多いが、その場合も同じように考えればよい。

文章のほとんどは何かを主張している。少なくとも、何かを報告している。だから、第一段落でその文章を簡単に要約して、その主張が正しいかどうか、その報告されていることとがよいことなのかどうかを問題提起して論じればよい。この場合にも、もちろん四部構成で書けばよい。

したがって、課題文のある場合は、まずはその読解が重要になってくる。特に難関校では、かなり専門的で難解な文章も出されることもある。それが読み取れなければ、論点がずれてしまって、全体的に的外れになってしまうこともある。

ただし、**課題文は、国語のテストのように読む必要はない**。国語の試験の読解問題では、とにかく文章を端から端まで一字一句正確に読み取ることが大事だ。一方、小論文の場合、必ずしもそこまで丁寧に読まなくてよい（説明問題がついている場合は別だけれども）。

むしろ、**その文章が何を主張しているのか、その理由や根拠は何なのか、こうした論旨をつかむことが大事になってくる**。大学によっては、要約問題を出すところもあるが、論旨の読み取りが適切にできているかどうかをまず重視しようという意図で出題しているのだ。

では、論旨を読み取るにはどうするか。正確に読み取るコツを修得できれば万事オーケーとはいかない。難しい文章の論旨をつかむには、知識がある程度必要だからだ。もし全く知らないようなことが書かれている文章が出たら、理解するのが難しい。あるいは、内容がある程度読み取れたとしても、どんな主張をしていて、どんなことを論じればよいかというところまでは、なかなか行きつかないだろう。それだけで時間がかかってしまうし、いざ小論文を書こうとしても、頭を抱えてしまうはずだ。

つまり、入試小論文では、どんなことが書かれている文章なのかが表面的に分かればよいのではなく、課題文を批判的に読み解かなくてはならない。そして、文章を批判的に読むには、ある程度の知識がどうしても必要になってくる。では、どの程度の知識が必要なのか。

入試で出される標準的な課題文は、新聞のコラムや新書レベルのものである。新聞のコラムは一般の人たちに向けて提言などをしたものだし、新書も一般向けの教養書だ。だから、新聞のコラムや新書を多く読んでおけば、そうした文章に慣れることができるし、知識もついてくる。せめて新聞のコラムを読むことくらいは、習慣にしておいたほうがよいだろう。

また、難関校では、難しい文章が出ると思っておいたほうがよいが、これはだいたい講談社学術文庫レベルだ。この文庫は、専門的な内容ではあるが、一般的にも定評のある本を文庫化しているので、この文庫に入っているものが読みこなせれば、難関校の課題文にも対応できる。だから、難関校志望者は背伸びをして、このレベルの本も、できれば読んでほしいところだ。

しかし、小論文の勉強にそんなに時間をかけていられないという人も多いだろう。そういう人は、本書の第2部を暗記するくらいよく読んで、知識をつけてほしい。大学に行こうというのなら、これだけは知っておくべきという最低限の知識を集めてあるからだ。

Point 4 「課題文」を読んで書く場合の注意点

文章を読んで小論文を書く場合は、「問題提起」で課題文の主張をまず示し、その主張について賛否を問うのが基本だ。そのあとの「意見提示」「展開」「結論」は、課題文がない場合と同じように書く。

課題文には、主張がはっきりしている場合と、主張がはっきりしていない場合とがある。後者はエッセイなどの文章だ。前者の場合には、どんな主張をしているのかを、その理由も合わせて読み取ってまとめればそれでよい。後者の場合は、主張はあいまいかもしれないが、語っているテーマはあるはずなので、それについて筆者がどんなことを言わんとしているのかを適切につかんでまとめるとよい。

ここでは前者の場合の「問題提起」の例を示しておこう。

問題提起例

課題文の筆者は、「英語を社内公用語化すると、就職のとき英語の話せる帰国子女が有利になってしまう。これでは、平等な競争とは言えないので、日本国内の会社では日本語を使うべきだ」と述べている。では、筆者の言うように、英語の社内公用語化は好ましくないのだろうか。

これが、課題文を読んで書く場合の、「問題提起」の書き方の基本である。

課題文を読んで論じるとき、もっとも注意しないといけないのは、筆者の主張に賛成した場合に、「展開」で述べていることが課題文とほとんど同じになってしまうことだ。これでは論じたことにはならないので、もちろん不合格である。賛成するにしても、課題文に書かれていないようなことを述べなくてはいけない。これが難しかったら、反対の立場で書こう。

Point 5 点がとれない最大の原因は、知識不足だ

小論文は四部構成でまとめることがまず大切だ。ただし、内容が幼稚では、高い評価は

得られない。小論文で点数がとれないのは、実はそのせいだ。常識的なことは一通り知っていないと、明らかに的外れなことを、よいアイデアだと思って自信満々に書いてしまう恐れがある。とにかく、知識不足な小論文の例を見てみよう。

知識不足な小論文の例

現在、日本では、会社内で使う言葉を英語にする企業が出てきている。では、この英語の社内公用語化は、本当に好ましいのだろうか。

確かに、会社内で英語を話さなくてはいけなくなると、英語の苦手な人は困るだろう。今いる社員は英語をもっと勉強しないといけなくなるし、これからその企業に就職したいという人も、英語が苦手だったら、その企業への就職をはじめから諦めないといけなくなるかもしれない。しかし、私は、英語の社内公用語化は必要なことだと考える。

なぜなら、英語の社内公用語化が進むと、日本人がもっと英語を話すことができるようになるからだ。日本人は中学校から英語を学んでいても、話せるようにならない。そうした批判が昔からあった。それなので、これからは小学校から英語を学ばせるというが、それだけでは話せるようにはならないだろう。やはり、社会のなかで英語を使う機会がもっと増えないと、学校の授業も話すことが中心にはならない。日本の企業が英語の社内公用語化を進めていけば、社会に出て英語を使うことになるので、日本人の英語の会話力がアップするからである。

したがって、英語の社内公用語化は好ましいと考える。

この小論文は、四部構成できちんとまとめられているし、述べている内容に大きな矛盾があるわけでもない。論理的に説明できているので、一見よさそうな小論文である。しかし、この内容だと、少なくとも難関校では、高得点は難しいだろう。それはなぜか。少し考えてみてほしい。

この小論文の内容には、明らかな欠点がある。それは、「展開」で、なぜ日本人の英語の会話力を上げていかないといけないのかが示されていないことだ。「日本人は中学校から英語を学んでいても、話せるようにならない。そうした批判が昔からあった」と書いただけでは、英語の会話力を上げないといけないという根拠にはならない。その根拠をしっかり示す形で「展開」だけを書き直すなら、次のようになるだろう。

点のとれる小論文の例

なぜなら、英語の社内公用語化が進むと、日本人がもっと英語を話すことができるようになるからだ。今はグローバル化が進んでいるので、日本の企業もグローバル化にもっと対応する必要がある。それなのに、社員が英語を話せないというのでは、その企業はグローバル化にうまく対応していけず、外国で新たな販路を開拓することが難しくなってしまうだろう。だから、日本人はもっと英語の会話力を上げていかなくてはならない。それには、英語の社内公用語化が一番効果的だろう。日本の会社内でも英会話が必要となれば、学校教育の段階から、もっと英会話に力を入れるようになるからである。

こう書けば、日本人は英語が話せるようになるべきだとする理由を、グローバル化と結びつけて述べることができているので、評価できる。実際、英語を社内公用語化した企業は、グローバル化に対応するためにそうしたはずだ。このことがあらかじめ踏まえられていないと、先ほどの小論文の「展開」のようになってしまう。

これは知識の問題である。知識不足ではハイレベルな小論文を書くのは難しいと思ったほうがよい。なお、ここで言う知識とは、あくまでも使える知識のことだ。

では、使える知識とはどんなものかというと、一問一答式で答えられるような知識ではなくて、ある問題について、その背景や原因などを分析するのに使える知識ということである。これを間違えてはいけない。学校で習う知識も、本当は使える知識のはずなのだが、それを応用するということを学校ではほとんどやらないので、暗記してそれでおしまいになってしまう。

Point 6 採点者の心をつかむ「合格フレーズ」で差をつける

知識にプラスして、他の受験生に差をつけるために必要なものがある。さらに準備しておいたほうがよいものがある。それは、名づけて**「合格フレーズ」**だ。

同じような内容を書いていても、採点者の目を引くフレーズがあるのとないのとでは、評価も変わってくる。問題の核心を突くフレーズで、採点者を唸《うな》らせることができれば、評価がアップするだろう。こうしたフレーズのことを、「合格フレーズ」と呼んでおこう。

実際の入試で、採点者が一枚一枚の答案を丁寧に読んで採点しているとは思わないほうがよい。大学の先生は、斜め読みのプロである。ざっと見れば、内容の評価はできる。書いた人の意図を汲み取るなどということもしてはくれない。だから、採点者に、それを期待してはいけない。むしろ、「おや、まともなことを書いているな」と思わせるようなフレーズで採点者の目を引いて、自分の小論文に立ち止まらせる必要がある。

とにかく、合格フレーズのない小論文の例を見てみよう。

合格フレーズのない小論文の例

現在、インターネット上では匿名の書き込みが主流になっている。だが、そのために様々な問題が起こって、今よりも簡単に発信者を特定できるようにしようという動きもある。では、インターネットの匿名の原則を改めて、発信者を特定しやすくするべきだろうか。

確かに、匿名であるために人は自由に発信できているという面がある。もし実名が特定できるようになったら、自由な意見を言えなくなる。発言のために危害を加えられる恐れがある。そうなると、インターネットでの発言が萎縮してしまうだろう。したがって、そのようなことのないように、何らかの対応策をとる必要はある。しかし、私は、インターネットでの発言は発信者を特定しやすく改めるべきだと考える。

現在、インターネットで匿名の書き込みが行われているために犯罪にまで発展したり、ウソの情報が出回ったりしている。犯罪の仲間を集めるためにネットの書き込みが使われていることもあるし、芸能人や一般の人をいじめるようなウソの情報なども広まっている。そのようなことのために、多くの人が苦しんでいるのである。匿名であるために、このような反社会的な情報があふれてしまっているのだから、実名がわかるようにすれば、そのようなことは防ぐことができるはずである。

以上述べた通り、インターネットの書き込みの発信者を特定しやすくするべきだと考える。

この小論文では、難関校でなければ合格の可能性があるかもしれない。だが、難関校では難しい。第三段落に書かれた内容は誰もが知っている事実であって、少しも自分の意見の掘り下げができていないからだ。この小論文の第三段落で語られているようなことが起こっているために、「インターネットの書き込みは匿名のままでよいのか」という社会問題が議論されているのだから、今更、このようなことを書いても意味がない。このような犯罪などが起こっていることを踏まえたうえで、匿名のメリットよりもデメリットの方が大きいことを説明しなければならない。

そこで、一つ合格フレーズを入れてみよう。本書148ページに紹介している「インターネット上の情報は、信ぴょう性が低い」をここに加えて考えてみる。

合格フレーズのある小論文の例

インターネット上の情報は、信ぴょう性が低い。多くの人が匿名で書き込むために、正しいかどうかわからないあいまいな情報が氾濫している。それを真実と思った人がまた匿名で拡散させる。そうなると、世の中に不確実な情報、正しくない情報、ウソの情報、すなわちフェイク情報が広まり、何が真実なのか、世の中で何が起こっているのかがあいまいになっていく。社会は事実に基づいて成り立っているのに、何が真実かわからなくなったら、社会全体が大混乱する。そうしたことはすべて多くの人が匿名で無責任な情報を流すことから起こるのである。実名がたどれるようにすれば無責任な発信は減り、それを信じた拡散もなくなり、無責任な中傷なども減ると考えられる。

こうするだけでスパイスがきいてくるだろう。この文章では、「信ぴょう性が低い」ということを出発点にして、匿名情報ばかりになると、情報全体が不確実になって、何が真実かわからない社会になる危険を的確に論じている。このアイデアは、「インターネット上の情報は、信ぴょう性が低い」というフレーズを思い出し、それと匿名での情報を重ね合わせれば、多くの人が思いつくだろう。だれもが、レストランのレビューなどをネット上で見て、匿名であるがゆえにそれがいかに不確実か、どれが本当かわからないという例を目にしていることだろう。その体験を思い出せばよい。

このようにスパイスのきいた文があるかどうかで、採点者の印象が多少違ってくるうえ、書き手の側もフレーズを思い出すことによって、新たなアイデアを思いつくことができるのだ。

Point 7 「合格フレーズ」を作るにはコツがある

試験のときに、独創的なフレーズを即興で思いつくことができれば、もちろんそれがベストである。しかし、実際にはなかなか難しい。そこで、得意な合格フレーズをあらかじめ用意しておくとよい。「得意な」というのは、それがどういうことなのかをそれなりの長さの文章で説明できるという意味だ。そして、できればオリジナルな合格フレーズを、志望学部の傾向に合わせていくつか作っておいてほしい。

第2部で挙げた合格フレーズ集は、あくまでも最低限これだけは覚えておこうというものだ。受験生はその合格フレーズを少しアレンジしたり、それをヒントに新しく合格フレーズを作ったりして、オリジナルなものを事前に準備しておこう。

合格フレーズを作るコツは、やや専門的な用語を入れて、いわばよりスパイスがきくようにすることだ。先ほど出てきた「フェイク情報」といった言葉がそれに当たる。専門的な用語が入っていなくても、合格フレーズになる。ただ、専門的な用語が入っていると、さらに効果的だ。

受験生の書いた小論文に専門用語が入っているだけで、「若造のくせになかなかやるな」と思ってもらえる可能性がある。もちろん、専門的な用語をとにかく使えばよいのではなくて、その用語の意味までしっかり理解した上で使わないといけない。

もし、専門用語を誤って使っていたりすると、かえって逆効果なので、注意が必要だ。それだけで、低い評価をつけられてしまう危険性もある。大学の先生というのは、専門用語を学生に説明して理解させることを商売にしているようなものなので、専門用語の取り扱いにはとりわけうるさい。スパイスの量を間違えると、料理が台無しになってしまうように、専門用語もその意味をしっかり理解した上でほどよく使わないと、失敗の小論文になってしまう。理解が曖昧なら、専門用語は使わないほうがよいだろう。

第2部

実践編

論点すっきり！試験にでる「10大テーマ」の受かる書き方

10大テーマの「合格フレーズ」と「キーワード」で勝負！

これだけ知っておけば、どんな課題を出されても怖くない

小論文で出題されるテーマは、受験生が思っているほど多種多様というわけではない。まず、学部ごとに、出題されるテーマはある程度絞られてくる。これはよく考えると当然なことで、その学部で学ぶことと全く関係のないテーマで小論文を書かせても意味がないからだ。その学部で意欲をもって学んでくれそうな学生をとりたいのだから、その学部で学ぶことと関連のあるテーマで小論文を書いてもらおうと、まともな出題者は考える。たとえば、教育学部では、まず間違いなく教育問題に関係したテーマが出る。教育に全く関心のない学生を入れても無駄だからだ。

また、今の社会で話題や問題になっていることと大きくかけ離れたテーマが出ることも少ない。完全に時代遅れなテーマを出しても、これまた意味がないからだ。大学は、古臭い知識を教えるところではない。社会に役立つ新しい知識を生み出そうとしている場所で

ある。少なくとも大学の先生自身はそう思っている。だから、受験生には、今の社会や人間が抱えている様々な問題について小論文を書いてもらおうとする。そうした問題につい て何の関心もないのに、大学で学んでも仕方がないからだ。

なお、難関大学では、やや専門的なテーマが出されることもある。出題者は、受験生が本格的に論じることができると必ずしも期待しているわけではなさそうだ。だが、受験生に、せめてそのことを考えてほしいという思いがあって、あえて専門的なテーマを選んで出していると考えられる。

そうした場合、出題担当の教員の専門分野のテーマが出されることが多い。題材がもっとも入手しやすく、しかも自分の専門分野からテーマを選んでこそ、受験生の小論文の評価基準が作りやすいからだ。だから、自分の受験する大学の教授がどんな専門分野を研究しているのかを調べれば、出題されるテーマの予想がつく。

ところで、これから紹介する「10大テーマ」についての知識を頭にしっかり叩き込んでおけば、たとえ専門的で難解な内容の課題文が出されたとしても、なんとか読みこなせるはずだ。そして、10大テーマの合格フレーズをうまく使いこなせるようにすれば、必ず採点者の目を引くことができ、合格点がとれるのである。

アフターコロナの小論文問題はこう変わる！

なお、今後の大学入試小論文の傾向は大きく変わると考えられる。新型コロナウイルス問題が起こったからだ。これは、世界を揺るがす大パニックであり、これまでの社会のあり方、日本や世界の社会の方向性の見直しを迫るだけの力を持っている。

だから、入試小論文でも、コロナ問題によって引き起こされた問題点を考えさせるようなテーマを選んで出題してくるはずだ。それに、新型コロナウイルス感染拡大の後に出た新聞や本から課題文を選んでくるとするなら、どうしてもそれらに関するテーマが多くなるだろう。だから、受験生も、今後の日本社会はどのように変わっていくべきなのかについて必ず自分なりの考えを持っておかないといけない。

まず、新型コロナウイルス感染拡大を受けて、大きく変わると考えられるのは、グローバル化してきた社会のあり方だ。

世界はこれまで急速にグローバル化が進展してきた。だが、のちに詳しく説明する通り、グローバル化が進んだためにウイルスは瞬く間に世界に広まったのだった。グローバル化したために、ウイルス感染で世界中の工場や企業の仕事がストップしたり、停滞したりしてしまったのだった。だから、グローバル化はこれからどうなるか、どうするべきかが問題になってくる。

働き方や学び方も変わってくるだろう。これまで、人々は会社や役所に集まって、そこで仕事をしていた。学校でも、一か所に集まって勉強していた。だが、感染予防のために密閉・密集・密接の「三密」が避けられるようになった。人々は家で仕事や勉強をすることが多くなった。そうなると、社会のあり方、文化のあり方も変わってくる。

そのほか、新型コロナウイルスの感染が広まったことによって様々なことが浮き彫りになった。労働者の格差拡大、自粛要請でよいのか、それとも外出禁止命令を出すべきなのかといった問題も浮上した。日本社会に大きな欠点があるために、迅速にコロナ対策ができずにいる点も判明した。

そうしたことが小論文入試問題にも反映される。これまでの小論文対策に加えて、この問題も考えておく必要がある。

テーマ1 グローバル化

グローバル化（グローバリゼーション）とは、人、物、金、情報などが、国境を越えて自由に移動し、その結果、様々な物事が世界中に広がることを指す。

まず、交通手段（大型船やジェット機など）の発達により、人や物を世界のどこへでもスピーディーに運べるようになった。また、インターネットの発達により、世界中の様々な情報を瞬時に検索できるようになった。さらに、インターネット上で、株などを取引することができるようになったため、巨額の資金が世界中でやりとりされるようになった。

こうしたグローバル化は、今も進行中である。二〇二〇年以降の新型コロナウイルスの世界的感染拡大のためにグローバル化の危険性（174ページ参照）が意識され、しばらく停滞すると考えられるが、感染が落ち着くと、再びグローバル化が進んでいくのは間違いないと思われる。

現在の日本社会や国際社会の動きはこのグローバル化と切り離すことができない。そして、世界中の人々がグローバル化の影響を何らかの形で受けている。だから、どんな問題について考える場合にも、グローバル化の進展を頭においておかないといけない。課題文を読む場合にもそうである。逆に言うと、どんなテーマでもグローバル化と結びつけて考えれば、それなりの小論文が書けるはずだ。

そのまま使える合格フレーズ

合格フレーズ01 「グローバル化は、世界経済を大きく発展させる」

現在のグローバル化が始まったのは、ベルリンの壁の崩壊（一九八九年）や旧ソビエト連邦の消滅（一九九一年）により、東西冷戦がなくなってからだ。それまでは、世界が西側の自由主義陣営と東側の共産主義陣営に分裂し対立していたため、経済も西側と東側で別々になっていた。西側の国々は資本主義経済にもとづいて発展したが、それに比べると、東側の国々は経済の発展が遅れ、人々の生活も豊かにならなかった。それがソビエト連邦の消滅などの引き金になった。

ソビエト連邦の消滅以降、世界のほとんどの国が資本主義経済を受け入れるようになり、世界が一つの市場になっていった。つまり、どの国同士でも貿易が自由に行えるようになり、企業はどこの国でも活動することができるようになった。こうした状況が進むと、世界中の人々がお金を積極的に使って商品を買うようになる。そして、商品の売れた企業が儲かっていく。そのようにして、世界中でやりとりされるお金が膨らんでいき、世界経済が発展していく。

合格フレーズ02
「グローバル化は、途上国にとっては大きなチャンスだ」

グローバル化が進み、世界が一つの市場になると、発展途上国にも経済発展するチャンスが出てくる。グローバル化の流れにうまく乗って経済発展しているのは、何といっても中国だ。中国は今や日本を抜いて、米国に次ぐ世界第二位の経済大国となった。これは、資本主義経済を受け入れ、一三億人の巨大市場を他の国々の企業に開いたからだ。これと同じことはインドなどにも言える。

また、人口がそれほど多くない国であっても、資源があれば、それを外国に売って、経

済発展につなげることができる。資源を売って得たお金を、インターネットの整備などに使えば、先進国の企業が入りやすくなり、ますます資源が売れ、産業も発達していくのだ。今後、多くの資源が眠っているアフリカの国々なども、グローバル化にうまく対応していけば、経済発展することができるだろう。

合格フレーズ03
「グローバル化により、世界の民主化が進む」

二〇一一年ころ中東で民主化運動が起こった。アラブの国々には独裁政権が多かったが、チュニジアやエジプトでは一般民衆が立ち上がって独裁政権を倒し、自分たちの力で民主化を進めた。こうした民主化の動きは、グローバル化の影響が大きい。

中東では、石油の出る国々（サウジアラビアやアラブ首長国連邦など）はグローバル化のおかげでますます豊かになったが、そうでない国々は経済がおもわしくない。そのため、そうした国々の民衆は独裁政権に不満を募らせていた。そこで民衆の怒りが爆発し、広まってきたインターネットで連絡を取り合って、民主化運動が盛り上がった。民主化をしないと、経済が悪化し、民主化すれば、先進国の企業が進出しやすくなる。先進国の企業を呼び込むことができれば、雇用が生まれ、経済がよくなっていく。もし民主化しなければ、グローバル化の流れに乗り遅れ、貧しい生活から抜け出せない。そうした危機感が中東の民衆を民主化運動に向かわせているのだと考えられる。

同じような状況は旧ソ連邦内の国々でも起こっていた。ジョージアの「バラ革命」、ウクライナの「オレンジ革命」、クルグズスタンの「チューリップ革命」などと呼ばれる民衆による民主化行動が起こったが、これらもロシアの勢力下から逃れてグローバルな国際社会の一員になろうとする動きとして捉えられるものだった。

だが、中東も旧ソ連邦も、すんなりと民主化は進んでおらず、独裁国家に戻っていっそう混乱が増す状態にもなっている国もあることを頭に入れておく必要がある。

合格フレーズ04 「グローバル化は、世界を均質化する」

グローバル化を積極的に推進してきたのは、アメリカ合衆国だ。グローバル化が進んで、アメリカの企業が世界のどこにでも進出できるようになれば、アメリカの経済もさらに発展することができる。事実、アメリカの企業は他の国々にどんどん進出している。マクドナルドがその代表的な例だろう。マクドナルドの店は、今や世界のどこに行ってもあると言ってよいほどだ。また、マイクロソフトやグーグルなどもまたアメリカの企業である。

こうしたことから、グローバル化は、実は世界のアメリカ化ではないかという批判があった。世界中の人々がアメリカの企業がつくった商品を買うことで、効率や便利さを重視するアメリカ的な考え方や生活スタイルを受け入れてくれれば、世界市場をアメリカが牛耳ることになってしまうからだ。しかも、アメリカの文明や文化を受け入れることで、世界のそれぞれの国や地域の伝統文化が廃れていってしまいかねない。そうなると、世界のどこへ行っても、人々が携帯電話を持ち、ハリウッド映画を観て、マクドナルドのハンバーガーを食べているといったことになりかねない。これが世界の均質化である。

合格フレーズ05 「グローバル化は、新たな南北問題を生む」

グローバル化は、国際競争を激化させている。先進国の企業は、激しい国際競争のなかで生き残っていかなくてはならない。そのため、人件費の安い労働力を求めて、発展途上国に進出して工場をつくり、生産を行ったりしている。これは、途上国にとっては、雇用が生まれるので、プラスの面が大きい。

ただし、途上国のなかには、資源の奪い合いや宗教対立などにより、政情が不安定な国もある。こうした国は、特にアフリカに多い。政情が安定している国でないと、先進国の企業は進出できない。そのため、経済が発展せず、貧困に苦しむ人がますます増えていってしまう。

このように、グローバル化によって、経済が発展する国もある一方で、グローバル化から取り残され、最貧国になってしまう国も出てくる。グローバル化は国際的な格差を大きくし、新たな南北問題を生みかねないのだ。

合格フレーズ06 「グローバル化が日本国内の階層化をもたらした」

現在、日本国内では、格差がますます大きくなっている。これもグローバル化の影響だ。グローバル化した現在、収入の多い人はますます富を得るようになっている。グローバル化によって、海外の株も簡単に買えるようになった。また、よりよい生産の場所や市場を求めて、効率的に仕事ができるようになった。そこで、グローバル化に対応できた一部のエリートは以前以上に高い所得を得るようになっている。

ところが、一方、貧しい人は、ますます貧しくなっている。その仕組みを説明しよう。

グローバル化すると、日本の企業は海外の企業と競い合わなければならない。ところが、そうなると、どうしても労賃の高い先進国の製品は値段が高くなってしまう。

たとえば中国は業種によっては日本以上の技術力を持っているので、中国でつくられる製品の質は日本製品に劣らないものも多い。ところが、中国の労働力がまだ安いので、日本製品よりもずっと安くできる。そのような中国など、アジア諸国でつくられた様々な製品が日本に輸入されている。日本の製品もそのような世界中の製品と競争しなければならない。品質があまり変わらないのに値段が高いと、日本製品は売れなくなってしまう。

そこで、日本の経営者は、できるだけ労賃を抑えて、少しでも安い製品をつくろうとする。そのために、給料の高い正社員を減らして、安く使えるアルバイトを増やすことになる。ときには、それもできなくなって、日本の工場は倒産したり、工場を中国に移転させたりする。すると、ますます労働者の働き口がなくなる。

このようにして、日本の労働者は、グローバル化による企業の競争のために、賃金が下がり、正社員にもなれなくなって、低賃金になっていった。

こうして、一部の人が富を得、多くの人が下層に転落して格差が広がったのだ。

これだけは覚えておきたいキーワード

☑ グローバル資本主義

資本主義がグローバル化すること。旧ソ連が消滅した一九九一年以降、米国は世界を一つの巨大市場にすることを目指して、新自由主義や市場原理を世界に広めようとした。

☑ 新自由主義

英語では、「neoliberalism（ネオリベラリズム）」。まず、自由主義とは、個人の自由な経済活動を重んじ、国家はできるだけ介入しないようにするというもの。新自由主義もまた、市場における自由競争を重視し、政府はその自由競争を極力妨げないようにすべきだとする。日本では、小泉政権が新自由主義的な考え方に基づき、「構造改革」と称して、規制緩和や郵政民営化を行った。

☑ 市場原理

市場（マーケット）での自由な取引に任せておけば、需要と供給のバランスが自ずと調節されて、適正な価格が決まるというもの。

☑ 自由貿易協定（ＦＴＡ）

二カ国以上の間で、関税やその他の規制を取り払って自由貿易を行うという取り決めをすること。

☑ 経済連携協定（ＥＰＡ）

二カ国以上の間で、貿易だけでなく、人の移動や投資など、様々な面で連携・協力していくという取り決めのこと。

☑ 新興国

二一世紀に入って、高い経済成長をしているブラジル、ロシア、インド、中国などの国々を指す。この四カ国は英語名の頭文字をとってＢＲＩＣｓと呼ばれることがある。

☑ 南北問題

地球上で、豊かな先進国は北半球に多く、まだ経済の発展していない発展途上国は南半球に多いので、この南北の国際的な経済格差を問題にする場合に、この言葉が使われる。なお、今は途上国のなかでも、経済が発展しつつある国と、そうではない国の間で格差が生まれてきているので、それを「南南問題」と呼ぶ場合もある。

☑ ガラパゴス化

ガラパゴス諸島は大陸から切り離されているため、そこに棲む生き物は独自の進化を遂げた。これと同じく、日本の携帯電話のように、日本独自の技術を使って進歩したが、それが世界標準ではないため、海外で受け入れられず、世界水準からかなりの後れをとることになる事態を指す。

合格フレーズを使った小論文の例

現在、グローバル化が進んでおり、それに伴って国際社会も大きく変化している。では、グローバル化の進展は本当に好ましいことなのだろうか。

確かに、グローバル化が進んだことで、かつての発展途上国のなかには、著しい経済成長を遂げている国もある。中国やインドなどだ。まだ発展していない国も、グローバル化に対応して、先進国の資本を呼び込めば、経済を発展することができるのである。

しかし、グローバル化には負の面もあることを見逃してはならない。**グローバル化は、新たな南北問題を生みかねない。**たとえばアフリカには、部族間での資源の奪い合いや宗教対立などにより、政情の不安定な国が多い。こうした国では、先進国が援助をしても、道路などのインフラ整備が進んでおらず、国民の教育水準も低い。そのため、自力では産業を発展させることができず、治安が悪いので先進国の企業も進出しにくい。そうした結果、経済が発展せず、貧困や飢餓に苦しむ人々がますます増えてしまう。このように、グローバル化によって、経済の発展する国がある一方で、グローバル化から取り残され、最貧国はますます貧しくなる恐れがある。つまり、グローバル化は国際的な格差をさらに大きくしかねないのである。

したがって、グローバル化の進展は必ずしも好ましいとは言えないと考える。

テーマ2 ボランティア・福祉

現在の日本は農業社会でなくなり、血縁や地縁のつながり（近所づきあい）も薄くなって、人々が孤立してしまう社会になっているといえるだろう。大都市はもちろん、地方でも同じような状況だ。そのために、現在、地域のつながりを強めることが求められているが、一人で暮らすには地域社会の様々なケアが不可欠だ。お年寄りの孤独死も近年問題となっていたが、地域社会のつながりを再び作ることができれば、孤独死といったことも防げるだろう。

ただ、二〇一一年に起きた東日本大震災のように、広域にわたって被災してしまうと、地域社会はそうしたセーフティネットとしての機能をなくしてしまう。そのときに必要となってくるのが、ボランティアだ。多くの人たちが被災地に駆けつけ、様々な人助けをする。これは、血縁や地縁とも異なる、市民同士の助け合いの形だろう。災害時だけでなく普段から、もっとボランティア活動への参加が増えれば、これまでとはまた異なる人と人とのつながりを取り戻すことができるだろう。

東日本大震災以降、九州をはじめとした各地でたびたび起こる豪雨災害や地震などの災害には日本中からボランティアが駆けつけて、地域の支援に立ち上がった。新型コロナウイルスの感染のために、ボランティア活動についても一時的に制限されているが、今後の日本社会にとってその重要性がさらに増してくるはずなので、大学入試でも頻繁に取り上げられるだろう。

そのまま使える合格フレーズ

合格フレーズ07 「ボランティアは社会の新たなセーフティネットだ」

日本の人々はこれまで困ったことがあると、何でも行政頼みだった。いざというときは行政が対応してくれると思ってきた。しかし大災害時では、それぞれの自治体の役場も被災し十分な対応ができないという事態になってしまった。災害時には想定外のことが起こる。いくら行政が災害に備えていても、予想外のことが起きれば被害が出てしまう。

ボランティアは行政が対応しきれない部分を補うためのセーフティネットである。普段から多くの人たちがボランティア活動に参加することで、ボランティアのネットワークができる。災害時などには、そうしたネットワークが人を動かし、困っている人たちの手助けをすることができる。いくら国や自治体が積極的に動いたとしても、被災した人たち一人一人を十分にケアすることは難しい。まずは住民の安全を確保することが行政の役割であって、被災者一人一人の要望には対応しきれないからだ。そうしたときこそ、ボランティアの人たちが被災者一人一人の世話に当たり、安心感を与えることが重要となる。こうした意味でボランティアは社会のセーフティネットになりうるのである。

合格フレーズ08

「企業も、社員のボランティア活動を積極的に支援すべきである」

ボランティア休暇というのがある。会社に勤めている人がボランティア活動を行うために休暇をとることのできる制度だ。

しかし、実際にはボランティア休暇を導入している企業はそう多くない。仕事を休んでまでボランティアをするというのは、雇う側にも雇われる側にも抵抗感がまだあるのかもしれない。しかし、ボランティア休暇がとれるようになれば、ボランティア活動に参加しようという人が今よりもっと増えるだろう。ボランティア活動の担い手が、学生や主婦や高齢者というのでは、現役で働いている人たちの能力や経験がボランティア活動に活かせない。働いている人であっても、ボランティア休暇を使ってボランティア活動に短期間ながら参加できるようになれば、ボランティア活動の輪がもっと大きく広がっていくだろう。

また、ボランティア休暇を快くとらせてくれる企業は、それだけ社会貢献をすることになり、企業イメージのアップにもつながるだろう。そうなれば、その企業の商品なども売れるだろうし、より優秀な人材が集まってくるようにもなるだろう。このような形で社員のボランティア活動を企業が積極的に支援することは企業にとってもプラスになるのである。

合格フレーズ09

「これからの地域の福祉を担うのは、住民のボランティア活動だ」

今、日本は超高齢社会に突入している。つまり、全人口に占める高齢者の割合が二〇パーセント以上と非常に大きくなってしまっている。そうなると、家族や地域社会がお年寄りの世話をするといっても、限界が出てくる。特に過疎化が進んでいる地域では、老人が老人を介護するといった状況になってしまうだろう。そこでボランティア活動が必要になってくるわけだ。

また、子育ての面でも、ボランティア活動による支援が必要になってくるだろう。たとえば、ボランティアによるベビーシッターのサービスというのがあってもよいはずだ。保育園に預けている子どもが熱を出してしまったが、どうしても仕事を休めないといったときに、ボランティアのベビーシッターを頼むことができれば、働くお母さんは大いに助かるだろう。

また、小学校や中学校での学習ボランティアをもっと増やしてもよいはずだ。学習の遅れている子どもたちに、大学生のボランティアが勉強を教える。そうすれば、家庭の事情で塾に通えない子どもであっても、基礎学力を身につけていくことができる。

こうした取り組みが地域で広がっていけば、地域の人たちのつながりが深まり、地域社会の活性化にもなるだろう。

これだけは覚えておきたいキーワード

☑ ボランティア

自ら進んで行う援助活動のこと。ボランティアの特性は、自発性（自ら進んですること）、無償性（報酬をもらわないこと）、利他性（他人のためになること）の三つである。

☑ 災害ボランティア

地震や水害などで被害が出たときに、被災地で復旧や復興の手助けをするボランティア活動のこと。

☑ セーフティネット

日本語にすると、「安全網」。どこか高いところから落ちたときに受け止めてくれる網をイメージするとよい。たとえば、突然、会社をクビになったり、病気になって仕事ができなくなったりしたときに救済してくれる社会的な仕組みのことを指す。雇用保険や生活保護もセーフティネットの一種。

☑市民活動

ボランティアも含めた、市民の自発的な様々な活動のこと。市民運動と言う場合もある。日本では、公害反対運動などが始まりだと言われている。現在では、一般市民がNPOやNGOを組織して活動することが多い。

☑NPO、NGO

NPOは「非営利団体」、NGOは「非政府組織」のこと。営利を目的としていない団体や法人をすべてNPOと見なすことができるが、狭い意味では、ボランティア団体や市民活動団体のことをNPOと呼んでいる場合が多い。NGOは、政府や行政ではなく一般市民が運営している組織のことで、非営利である点では、NPOと同じ。民間団体であることを強調するときに使われる。国際的に活動するような場合に、NGOと称しているようだ。

☑ 社会保障

誰にでも生じる可能性のある、病気・失業・障害・老齢といった生活上の問題に対して、お金の給付や医療サービスの提供など支援を公的に行うこと。日本では、国民は医療保険、年金保険、労災保険、雇用保険、介護保険に加入し、保険料を納めることで、いざというときに保障を受けることができる。なお、日本は世界の中でも、社会保障制度が整備されている国だと言ってよい。

☑ 社会福祉

社会のなかで困っている人に対して何らかの支援を社会的に行うこと。障害者や一人親家庭への公的支援、ホームレスや貧困者への経済的な支援などがある。

合格フレーズを使った小論文の例

日本では、若者のボランティアを義務化しようという動きがある。ドイツではボランティアが義務化されている。では、日本でも、若者にボランティアを義務化すべきなのだろうか。

確かに、ボランティアを義務化するのはおかしいと考える人もいるだろう。ボランティアは個人が自発的に行うものであって、義務化したら、ボランティアとは言えなくなってしまうからだ。しかし、今の時代、若者のボランティアの義務化は必要なことである。

ボランティアは社会の新たなセーフティネットだ。日本人はこれまで、なんでも行政に任せきりだった。しかし、大災害が起きたとき、行政が助けてくれるとは限らない。行政組織が機能しなくなる恐れもある。そうしたときは、市民自らが行動して助け合わないといけない。そして、これは日常的にも必要なことだ。超高齢社会を乗り切るには、市民がボランティアで老人介護の手助けをするといったことがもっと必要になるだろう。こうした助け合いの輪を広げることで、だれもが安心して暮らせる社会になる。だから、若者には、ある一定期間、ボランティアを体験してもらい、その後もボランティアにいつでも参加できるようにしてもらう必要があるのだ。

したがって、日本でも、若者のボランティアを義務化すべきだと考える。

テーマ3 教育

日本の教育は二〇二〇年度から新しい学習指導要領によって、学校教育がなされるようになって、大きな変化が起こっている。「主体的、対話的で深い学び」が重視されるようになった。グループを作って話し合い、自分たちで問題を発見してそれぞれのやり方で解決に導いていくアクティブ・ラーニングという手法が取り入れられるようになった。

また、小学校から英語が必修化されたのも大きな変化だった。5年生から英語が正式教科になり、本格的な学習が行われることになった。これについては賛否両論があったが、世界の流れに追いつこうとするものでもあったといえるだろう。

大学入試も、三〇年ほど続いた大学入試センター試験が廃止され、新たに大学入学共通テストが始まった。そこでも、新しい学力観が反映される予定だった。ところが、英語の会話のテストや国語の記述式問題の採点に公平性が確保できるかどうかが明確でないため混乱が起こった。しかし、徐々に新しい学力観がこれから定着していくものと思われる。

そのまま使える合格フレーズ

合格フレーズ10
「日本の学校は社会からかけ離れている」

日本では、中学校までが義務教育なので、子どもは小学校と中学校に必ず通う。このこと自体には何の問題もないが、しかし日本の場合、子どもの生活はどうしても学校中心になり、それ以外のところで子どもは社会とのつながりを持ちにくくなってしまっている。

小学生のうちはそれでも、地域の子ども会の活動に参加するなどして、地域の人たちとのつながりを持つことができる。しかし、中学生になると、部活動や塾通いなどで忙しくなり、地域の活動に参加するどころではない。また、今は中学受験も盛んなので、特に都市部では小学生のうちから地域とのつながりをなくしている子どもも少なくないだろう。そして結果的に、日本の子どもは学校の世界しか知らずに成長してしまうのだ。

これでは社会で生きていくための基本的な知識や能力（社会性）が身につかなくてむしろ当然だろう。今は学校教育のなかで、職業体験を行ったりもしているようだが、ほんの数日間働くことの真似ごとをしたところで、社会性が育つはずもないのだ。子どもがもっと社会と日常的につながれるような取り組みが必要だろう。

合格フレーズ11 「アクティブ・ラーニングによって、AIにとってかわられない力をつけることができる」

現在、ＡＩ（人工知能）が急激な進歩を遂げている。コンピュータ技術を用いたＡＩは自ら学習して能力を高めている。このままでいくと、10年後、20年後には、現在、人間の行っている労働の多くがＡＩにとってかわられるといわれている。単純労働はもちろん、弁護士や医師などの専門職もＡＩが行うことが考えられている。ただ、ＡＩが苦手とするのは、アイデアを出すことや、仲間と相談しながら多方面から問題点を考えて、創意を凝らして問題を解決していくことだ。

したがって、これからの教育はＡＩに仕事を奪われない力をつける必要がある。つまり、人間は発想力を鍛え、現象を見てそこから問題を見つけ出して、独自のアイデアを持ってそれを解決できるような力をつける必要がある。

そのために注目されているのが、アクティブ・ラーニングと呼ばれる教育手法だ。

アクティブ・ラーニングとは、近年、小・中・高で提唱されている教育手法だ。従来の授業では、先生が一方的に知識を与え、児童生徒はそれを理解して終わりだった。ところが、アクティブ・ラーニングでは、児童生徒が自分たちで問題を発見し、グループを作って問題解決に向けて議論を重ね、試行錯誤して問題解決に向かうことが求められる。すでにある正解を与えられるのではなく、自主的に創意工夫を重ねて問題解決に向かうことが期待されている。そうすることによって、実際の社会で生きていくための力を身につけ、自分から知識を増やしていくことが期待されている。

こうすることによって、児童生徒は、ＡＩの時代になっても、自分たちでも問題を発見し、人と議論をすることで問題解決に向かうことができる。つまり、アクティブ・ラーニングによってＡＩにとってかわられない力をつけることができるわけだ。

ただ、アクティブ・ラーニングを効果的に運営するには先生にかなりの力量が必要だ。上手にリードしないと、アクティブ・ラーニングの時間が単に児童生徒のおしゃべりの時間になってしまう。先生たちの研修が必要だろう。

合格フレーズ12

「いじめなどないと考えるのではなく、当然、あるものと考えて教育に当たるべきだ」

教育の場でいじめは大きな問題だ。もちろん、いじめはあってはならない。いじめが起こったことを教師はすぐに把握しなければならない。そして、すぐに解決しなければならない。

とはいえ、あまり強く、「いじめはあってはならない」と考えると、実際に起こったときに、いじめがあったことを否定しようとする。児童生徒も、いじめの存在を隠そうとしてしまう。それでは、いじめがいっそう陰湿になり、いっそう長く続くことになってしまう。

したがって、いじめはどの世界にもあって当然だと考えるべきなのだ。どこにでも起こることなので、起こったらすぐに対応できるようにする。誰もが、ついいじめをしてしまうことを認識する。軽い気持ちで自分や友達がしていることも、もしかしたらいじめにあたるのではないかと考えてみる。そうすることで、いじめを早く発見できるようになる。

だから、「いじめをしてはいけません」「いじめは悪いことです」と強く児童生徒に訴えるのではなく、ふだんから、「いじめはあちこちに起こることなので、見かけたらすぐに先生に知らせよう」と教えるべきなのだ。そうしてこそ、いじめのない学校にすることができる。

合格フレーズ13

「日本の学校教育は、子どもを序列化しているにすぎない」

序列化とは、優劣の順位をつけて並べることだ。偏差値は、序列化の数値である。日本の学校教育は、受験があるために、子どもをペーパーテストで序列化してきた。ただ、ペーパーテストは、客観的で公平である。○×式で点数化されれば、だれも文句のつけようがない。一方、論述式のテストだと、採点者の見方や好みによって評価が左右される恐れがある。これでは客観的で公平だとは言えない。だから、日本では、○×式のテストが子どもの学力を測るのに使われてきた。ただし、○×式のテストでは、子どもの能力の一部しか測れない。理解力や暗記力などは測れるだろうが、発想力などは測れない。

ところが、これまで日本の教育では、○×式のペーパーテストの結果ばかりが重視されてきた。これでは、発想力の豊かな子どもは、学校では評価されず、自分の能力を伸ばしていくことができない。だから、○×式のテストだけで子どもの能力を一律に測るのはやめたほうがよい。

○×式のテストは、一つの基準でもって子どもに順位をつけているだけである。しかし、この序列化が子どもの将来に大きく影響してしまう。学歴社会では、この序列化が人間の価値を決めてしまいかねない。子どもがそれぞれの個性や能力を発揮できるような社会を築いていこうというのであれば、子どもたちの能力を様々な形で測り、その多様な個性を伸ばせるようにすべきだ。

合格フレーズ14
「学力低下は日本の将来を暗くする」

子どもの学力低下は、日本にとって大きな問題である。分数の計算ができない大学生がいるというのが、十年以上も前から問題になっていた。理工系の大学生のなかには、小学生レベルの計算ができない学生がいるので、大学で復習をしているという話もある。今は少子化なので、学力が多少低くても、高望みしなければ大学に入れてしまう。これも、子どもの学習意欲を低下させている一つの要因だろう。

日本人は、高い学力によって西洋の科学技術を我が物とし、その技術力によってものづくりを行い、経済を発展させてきた。高い学力があってこそ、技術力をさらに高めていくことができる。学力が低下してしまうと、高い技術力が維持できなくなってしまう。仮に天才が何人か出たとしても、国民全体の学力が下がってしまったら、高い技術力を保っていくことは難しいのである。資源の乏しい日本は、技術力が低下してしまったら、経済も衰退してしまう。子どもの学力低下は、そういった意味で大変問題なのである。

合格フレーズ15 「"みんな仲良く"の教育が個性軽視につながっている」

明治以来、日本の教育は団体行動のできる有能で健康な国民を育てるという意識が強かった。そのため、集団性が重視され、集団行動や連帯責任が強調された。号令に基づいて秩序ある行動をとるように教育された。それが軍国主義と結びついた面もあった。

第二次世界大戦後、戦前のそのような教育が反省され、子どもの個性を育てる教育が重視されるようになった。現在では、かつてのような集団行動はなされなくなってきた。だが、まだ、「みんな仲良く」という教育目標があるために、どうしても個性が損なわれる傾向にある。

どんな社会にも、周囲の人とうまくいかない人がいる。子どもも同じで、なかには、みんなの輪に入れない子どもや、一人でいることを好む子どもがいる。「みんな仲良く」という教育は、そのような子どもを認めずに、みんなを輪に入れようとし、みんなを無理に仲良くさせようとし、みんなを同じような子どもにしようとしてしまう。こうなると、輪に入れない子どもは自分が悪いと思うようになって、劣等感を持ち、意欲を失う。いじめにあったり、不登校になったりする。

みんなが仲良くするのはもちろん良いことなのだが、それが強く打ち出されすぎると、強制になり、かつてのような集団教育になることは、しっかりと認識しておく必要がある。

合格フレーズ16
「小・中学校は、共生を教える場である」

学校というのは、子どもに勉強を教える場である。しかし、それだけが学校の役割だと思うのは誤りだ。少なくとも日本の小学校や中学校は、集団生活の規律を守ることの大切さを学ぶ場でもあり、あるいは、様々な家庭の出の、個性の異なる子どもたちと共生する仕方を学ぶ場でもある。

勉学だけなら、わざわざ学校に通わなくても、同じ内容を家庭で学習することもできるはずである。そのほうが自分のペースで取り組めるので、かえって効率がよかったりもする。勉強が好きな子であれば、どんどん先に進んでいくはずだ。小学校六年間で学習することをもっと短期間で終えてしまうかもしれない。それなのに、ほとんどの子どもが学校に通っているのは、他の子どもたちと共に勉強したり遊んだりすることにこそ意義があるからである。もし、子どもが一度も学校に通わずに育ったとしたら、おそらく人との付き合い方がわからない大人になってしまい、社会生活をまともに送ることができないだろう。

これだけは覚えておきたいキーワード

☑ 教育格差

子どもが生まれ育った家庭や社会環境によって、受ける教育に格差が生じてしまうこと。通う学校によって教育格差が生じる場合と、塾や予備校に通えるかどうかによって生じる教育格差がある。現在では、私立校のほうが公立校より教育レベルが高い傾向にあるが、私立校のほうが学費が高いため、所得の低い家庭の子どもは通うことができない。また、塾や予備校についても、所得の低い家庭の子どもは通うのが難しい。そのため、所得の低い家庭の子どもは、レベルの高い教育が受けられず、将来的には、所得の低い職業にしか就けないのではないかと懸念されている。このように、教育格差は、世代にまたがった格差の固定化につながる恐れがある。

☑ PISA型学力

OECD（経済協力開発機構）に加盟している国が行う一五歳の生徒の学習到達度調査（PISA）に求められている学力のことを言う。学校でどのくらいの知識を理解したかということよりも、知識を使ってどのように自分で問題を解決できるかを測ろうとしている面が強い。日本の教育はそのような力を養うことが求められてこなかったため、日本の教育のあり方を見直すきっかけになっている。「数学的リテラシー」「読解力」「科学的リテラシー」という三つの分野のテストが行われるが、二〇一九年に発表された成績では、日本の生徒は「読解力」が一五位だったために、衝撃をもって受け止められた。

☑ ゆとり教育

一九八〇年ころから重視されるようになり、二〇〇〇年以降、教育指導要領によって全国の学校で取り入れられた教育理念をいう。生きる力を養い、単なる知識の詰め込みではなく、子ども一人一人の個性や関心に応じて学習できるようにすることを目的としていた。そのために、学習内容を減らし、学校を週休二日制にして、ゆとりをもって教育ができるようにした。

ところが、実際には、学力低下が起こり、それを心配した親が子どもを競って塾に通わせるようになり、むしろ競争を激化させてしまった。そのために、二〇一〇年ころからゆとり教育は否定されるようになった。

しかし、二〇二〇年以降の教育理念も、ゆとり教育の精神を引き継いだ部分が多いといわれている。

合格フレーズを使った小論文の例

日本の子どもたちは有能感を持たないといわれている。だから、すぐに諦めたり、人に頼ったりして、自分で何かを達成しようとしないのである。そのためには、子どもの有能感を養うことが求められている。私は子どもの有能感を養うためには、アクティブ・ラーニングを用いて達成感を子どもたちに感じさせることだと考える。

確かに、今の子どもの多くが塾通いをして、自分の成績の順番を意識させられている。

だから自分の順位を知っているために、有能感を持てないという事情もあるだろう。したがって、順位をつけすぎないように気を付けることも有能感を持たせるのに有効だろう。しかし、私はそれよりもアクティブ・ラーニングによる達成感を持たせることのほうが大事だと考える。

アクティブ・ラーニングはAIにとってかわられない力をつける。すなわち、自分たちで問題を発見し、グループを作って仲間とそれについて話し合い問題解決に導いていくという、機械ではできない行動をとるのである。そうすることでみんなで問題を解決する。すでにある正解を当てるのではなく、自分たちで自分たちらしい解決を行うのである。こうしたことは人間に達成感を与える。自分たちだからこそ機械にも負けない自分たちらしい解決を見つけだせたという意識を持つ。それが有能感に結びつくと考える。

私はアクティブ・ラーニングが授業の中でうまく取り入れられることによって子どもの有能感がつくられていく可能性が高いと考える。

テーマ4

民主主義と日本の政治

過去十数年の日本の政治は、東日本大震災とコロナ禍という二つの厄災、そして米中関係、近隣諸国との関係に時間と労力を費やしたといってよいだろう。

二〇一一年に東日本大震災が起こり、特に東北地方は大打撃を受けた。たくさんの死傷者を出し、太平洋側の沿岸地域は壊滅的な状態になった。その後、復興が進められているが、以前の姿にもどるには程遠い。政府は復興支援を進めてきたが、様々な問題を抱えている。

その東日本大震災によって起こった福島第一原子力発電所の事故がいっそう問題を深刻にした。地震と津波によって原子力発電所が破壊され、放射能漏れ事故が起こったのだった。最悪の事態は食い止めることができたものの、まだ原子力発電所を完全にコントロールする状態にはなっていない。

そして、東京オリンピックの年になり、東日本大震災からの復興をアピールしようとした矢先に起こったのが、新型コロナウイルスの世界的感染拡大だった。

感染者が世界中で爆発的に増加し、死者や重症者も増えていった。日本国内でも感染が増えていった。そこで、感染拡大を防ぐために日本政府は様々な対策をとった。特に、政府は国民に外出自粛を呼びかけた。そのおかげで感染拡大を低く抑えることはできたが、その反面、観光や飲食業、イベント業などの業種で経済的な大打撃を受けることになった。また政府は国民や国内企業に様々な給付金を出して企業や国民をサポートしようとしたが、なかなかそれが行き届かずに問題になった。しかも、コロナ問題のために、日本の労働者の格差が広まったといわれている。

結局、オリンピックは1年の延期になり、多くの企業が倒産し、経済的な苦難が大きかった。その中で、安倍政権、そしてその後を継いだ菅政権は、コロナ禍の中でも経済を回すように、経済と感染防止の両立のための難しいかじ取りをせざるを得なかった。そうした状況が、ワクチンが開発され、新型コロナウイルスが恐れる病気でなくなるまで続くだろう。

米中対立も国際的な大問題だった。

中国は一九八〇年代に市場経済を取り入れたのち、急激に発展していった。二〇一〇年にはGDPで日本を抜いて、世界第二位の経済大国になり、その後も、発展をつづけ、アメリカ合衆国と肩を並べるほどの影響力を持つようになっている。ところが、中国は社会主義国なので、アメリカなどの資本主義国と国家体制が異なる。アメリカからみると、中国は自由のない、専制国家に見える。しかも、中国はアメリカ国内で安い製品を売りながら、アメリカの製品をあまり買わなかった。それがアメリカでは不満の種だった。

アメリカはかなり前から中国を苦々しく思っていたのだったが、「アメリカ中心主義」を唱えるトランプ大統領になってから、特に対立が激しくなった。互いの製品に関税をかけるようになり、政治問題についても互いに攻撃するようになった。特に、新型コロナウイルスが蔓延《まんえん》した後、アメリカはウイルスの感染爆発は中国の責任だとし攻撃するようになって、事態はいっそう深刻になった。日本は長い間アメリカと同盟関係にあり、経済的にも結びつきが強い。だが、同時に隣の国中国との経済交流も無視できない。日本はアメリカと中国の間に立って、どちらの側につくかで対応に苦慮している。

もう一つ、日本が苦しんでいるのが、日韓問題だ。

韓国は日本の植民地となっていた歴史がある。その間、日本によってさまざまな弾圧を受けていたため、戦後七〇年を過ぎても反日意識が強い。とりわけ、日本軍が朝鮮半島の女性を強制的に従軍慰安婦にしたとされる問題や、日本が強制的に労働者を用いたとされる問題が現在でも日韓の間で摩擦を起こす。どのように平和的に解決し、日本の立場を韓国にわかってもらうかを日本政府は模索することになる。

大学入試では政治的意見を問われることはほとんどないが、政治背景を知っていないと答えられないような問題が出されることも多い。知識をしっかりと持ったうえで、偏りなく判断するように心がける必要がある。

そのまま使える合格フレーズ

合格フレーズ17

「民主主義とは、一般民衆が自分たち自身で国や社会のあり方を決める制度だ」


民主主義という政治制度では、国や地方の様々な事柄について決定する権利が一般民衆（国民）にあるとされている。これを、「国民主権」という。

民主主義の本質を簡潔に表しているのが、リンカンの有名な言葉「人民の人民による人民のための政治」である。つまり、人民が自分たちの手で自分たちのために政治を行うのが、本来の民主主義のあり方なのだ。なお、一般民衆が直接政治に参加して物事を決めるのを、「直接民主主義」という。

ただ、実際には、一般の国民は投票によって自分たちのなかから大統領や国会議員などを選び、普段はその人たちに政治を行ってもらっている。このように、一般民衆の代わりに、投票で選ばれた議員や政治家が政治を行うのを、「間接民主主義」という。

なお、民主主義でない国では、王様や独裁者、あるいは一部の権力者たちが政治を牛耳っている。そうした独裁国家では、仮に国民に投票の権利があったとしても、形だけのものでしかない。なぜなら、もし独裁者に歯向かったら、反逆者として捕まえられ、刑務所に入れられたり、処刑されてしまったりするからだ。

合格フレーズ18
「言論の自由があるかどうかで、民主的であるかどうかが決まる」

民主主義の国では、「言論の自由」がある。つまり、今の政治のあり方について、自由に批判してよいということだ。一方、民主主義でない国では、「言論の自由」が制限されている。たとえば、インターネット上で、独裁的な政治体制を批判するようなことを書いたら、すぐに削除されてしまう。あるいは、今の政治体制を変えようといったことを公に言ったら、逮捕されてしまう。だから、何よりもまず「言論の自由」があるかどうかで、その国が民主的であるかどうかが決まってくる。

現在でも、民主主義でない国は、世界中にいくつもある。また、今は民主主義の国であっても、これからもずっとそうだという保証は、実はどこにもない。民主主義の国で、独裁者が生まれる危険性は、決してゼロにはならない。その当時、もっとも民主的と言われたドイツで、独裁者ヒトラーが誕生してしまったように。民主主義では、国民が選択を誤ると、独裁を目論む危険な人物を国の代表に選んでしまいかねないのだ。

もし誤って、独裁的な人物を国の代表に選んでしまっても、いざとなったら国民が立ち上がって革命を起こし、独裁者を倒せばよい。たとえばフランス人なら、そう考えるだろう。しかし、その点、今の日本人には、いざとなったら革命を起こすといった気概はないらしい。それよりは、独裁を目論むほど頭のいい人物よりも、カリスマ性の乏しい凡人を国の代表にしておいたほうが賢明だと思っているかのようだ。

合格フレーズ19 「民主主義の基本は、人権思想だ」

人権とは、人間が生まれながらに持っているとされる権利のことだ。たとえば、生存権。

どんな人でも生きる権利を持っているので、たとえ国家権力であってもその命を不当に奪うことはできない。もしそんなことをしたら、民主主義の国ではなくなる。民主主義における国家の第一の役割は、国民の生命と財産を守ることだ。それなのに、その国家が国民の人権を尊重しないという事態になったら、民主主義の理念に反してしまう。

こうした基本的人権は、昔から認められていたわけではない。たとえば、江戸時代の日本では、武士が下の身分の農民や町民を刀で斬って殺しても、罪にはならなかった。つまり、だれにでも生存権があるわけではなかった。

しかし、日本は太平洋戦争で負けて、民主化した。つまり、憲法で基本的人権が認められる国になった。そして、今ではだれも、日本という国が民主主義であることを疑ってはいないだろう。もちろん、今の日本は民主主義である。しかし、これからもずっと民主主義であり続けるという保証はどこにもない。だからこそ、国民は、自分たちの人権を守るという意識を常に持ちつづけないといけないのだ。

合格フレーズ20

「民主主義は、情報の公開が前提である」

民主主義は、一般民衆が政治を動かす制度のことであるが、そのためには、情報公開が前提になる。たとえば、政府や市町村の役所に様々な情報が入り、役人がそれを処理する。その中には、企業や政治家の金の動きも含まれているだろう。社会にとって好ましくない活動もあるだろう。そうした活動がガラス張りになっており、その情報を国民が知ることができてこそ、国民が政治を的確に動かすことができる。役人や政治家など、一部の人がその情報を隠して、国民に知らせなければ、いくら制度として民主主義が成り立っていても、実際には機能しない。

たとえば、東日本大震災後、東京電力の福島原子力発電所で爆破事故が起こり、放射能漏れが広まったとき、正しい情報は国民には知らされなかった。そもそも、それ以前に、原子力発電所の内部の状況、その危険性について、正しい情報はずっと伏せられてきた。このような状態では、国民は正しい判断ができない。

もちろん、すべてをガラス張りにするのは難しい。個人情報などは表に出さないようにする必要がある。だが、原則としてすべての情報を公開することによって、国民の判断が可能になることは、しっかりと頭に入れておくべきだろう。

合格フレーズ21 「民主主義は、ポピュリズムに陥る恐れがある」

「ポピュリズム」とは、知的エリートによる政治に反発する民衆の支持のもとに、民衆のウケのよい政策をとろうとする政治のことだ。しばらく前から、世界中でポピュリズムが問題になっている。それは日本にも関係のないことではない。

国会議員は選挙で国民に選ばれた人たちだ。また、地方自治体の長や議員もそうである。この人たちは国民の代わりとして選ばれたにすぎない。国会議員は国会で議論をして法律をつくっている。国民全員で話し合って法律をつくるのは、効率が悪すぎる。インターネットがあるので、賛成か反対くらいは、国民が参加することもできなくはない。しかし、法律案の内容までいちいち議論するのはほぼ不可能だろう。そのため、国民の代表者たちが集まって議論したほうが、効率がよい。このように、議会中心の民主主義のあり方を、議会制民主主義という。

ところで、国会議員などは、議員としての報酬をもらっている。この報酬はもちろん国民の税金から支払われている。その額は、国会議員だと、ふつうのビジネスパーソンよりもずっと多い。議員は選挙で選ばれさえすれば、だれがやってもかまわない。だから、なかには、無報酬でよいから、議員をやりたいという人もいるだろう。しかし、今の日本では、議員の仕事に専念してもらいたいので、国民が議員に報酬を払っている形になっている。

そうなると、議員を職業にしようという人たちが出てくる。選挙に勝ちさえすれば、何度でも議員になれるので、ずっと議員でありたいと思う人たちが出てくるわけだ。ときどき、選挙で落ちて肩書を政治家としている人がいるけれども、いくら政治家だと名乗っても、議員でなければ、ただの人である。議員だからこそ政治家なのであって、政治家という職業は実は存在しない。議員だからこそ、特別扱いされるのである。

これを一番よく分かっているのは、議員本人たちだ。そのため、次の選挙で勝つにはどうすればよいかを常に考えるようになる。そして、有権者には、自分の政治信条などは捨てて、あるいは封印して、ウケのよいことばかりを言うようになる。たとえば、「消費税は絶対に上げさせません」といったことだ。「消費税を上げます」と言ったら、選挙で負けるのは目に見えているからである。

あるいは、なかには、テレビに出て、名前と顔を売りたがる議員も出てくる。有権者は立候補者たちがどういった人物で、どういった政策を訴えているかをすべて分かった上で投票しているわけではは必ずしもない。知名度や見た目のよさで判断して一票を入れている有権者も、実はたくさんいるだろう。ときどき、芸能人が突然選挙に出て当選したりするが、これは知名度が高いからでしかない。ということは、議員も芸能人のようにテレビに出て、国民に知ってもらったほうが当選しやすいのである。

このように、国会議員などは、大衆迎合主義に陥りやすい。そして、恐ろしいのは、国民が見た目のよさや口のうまさに騙されて、実は無能な人物を議員に選んでしまうことだ。もしこうなったら、衆愚政治になってしまう。

合格フレーズ22
「公務員を雇っているのは、あくまでも国民である」

公務員のことを、「公僕」ということがある。「公僕」とは、国民に仕える人のことだ。この言葉を一番忘れているのが、公務員自身であろう。もちろん、国民のために、一生懸命働いている人たちもいる。だが、公務員の多くは、国や地方自治体に雇われていると思っているので、国や地方自治体という組織の一員という意識が強くなってしまう。そのため、国民の利益にならないことでも、組織の利益になることであれば、悪いこととは思わずに行ってしまう。たとえば、公務員が、余った予算を使ったことにして、密かにプールしておき、自分たちのために使ってしまうといったことがある。また、書類の書きかえをしたり、なくしたことにしたりもする。こうした組織ぐるみの不祥事が起きるのは、国民の利益のために働いているという意識が乏しいからだろう。

さらに、「天下り」という問題がある。官僚たちは、必要もないのに、公的な団体をたくさんつくっておいて、退職した官僚がそこに再就職できるシステムをつくっていたのだ。もちろん、そうした団体には国民の税金が使われ、元官僚はろくに仕事もしないのに、高額な報酬を得ていた。

日本の行政を実際に動かしているのは、官僚たちである。官庁のトップはそれぞれの大臣だけれども、大臣たちは短期間でどんどん替わってしまう。そして、大臣が替わるごとに、方針がくるくると変わっていたのでは、一貫した行政ができなくなってしまう。そのため、実質的には、官僚が行政を取り仕切って、混乱が起きないようにしているのだ。

しかし、そうした優秀な官僚が、国民の税金を自分たちの都合のよいように使っていたとすれば、官僚も公僕であることを忘れていたのだと言わざるを得ない。

そうした官僚の驕《おご》りを正す役目を果たすことができるのは、国民の代表である国会議員である。しかし、自民党政権が続き、国会議員、とりわけ政府高官が高い支持率を背景に政治を動かすうちに、官僚がそれらの政治家の言いなりになって法律に反すること、一般常識に反することを行う事例がいくつも起こった。また、安倍政権時代の「森友問題」など官僚が政治家の状況を「忖度《そんたく》」して、命令される前に政治家に都合がよいようにことを処理するといったことも起こった。健全な政治家と官僚の関係になることが望まれている。

合格フレーズ23
「日本は、米・中、キリスト教・イスラム教の仲介をする立場にある」

日本の国際的な地位が落ちている。二〇一〇年まで日本はＧＤＰが世界で第二位の経済大国だった。ところが、バブル崩壊後の経済立て直しに手間取り、グローバル社会への対応が遅れるなどして、だんだんと経済力が弱まってきた。二〇一八年には、まだＧＤＰ世界第三位は維持しているが、一人当たりＧＤＰは二六位に落ちている。

それに対して、徐々に力を増してきたのが中国だった。現在では、中国はアジア各地のほかアフリカ大陸にも進出し、各国政府に援助を行うなどして、アジアの中で圧倒的な存在感をもって国際社会で発言権を強めている。

ところが、前にも示した通り、中国はアメリカとしばしば対立している。冷戦時代にはアメリカとソ連が対立して世界が動いていたが、現在は米中対立の中で世界が動いているといって間違いない。アメリカはしばしば中国の動きに反発して非難をする。経済制裁などを行おうとする。その際、日本に賛同するように圧力をかけてくる。日本はアメリカの同盟国でもあり、文化的にも経済的にも大きな影響を受けている。歴史的にも強い絆を持っている。利害が一致していることも多い。

だが、一方で中国は隣国であり、巨大な人口を持っている。経済的にもアメリカ以上に強い絆を持っている。日本の企業の中には中国国内に工場を持っているところも多い。中国と対立すると、日本は政治的にも経済的にも困ったことになる。日本としては、米中の対立に巻き込まれたくない。

そのため、米中対立が起こるたびに、どちらにつくか議論がなされ、その時々できわどい対応を続けている。しばしば、どちらつかずの態度をとって、アメリカ側についたり、それに消極的な態度を示したりしている。

だが、これからは米中の板挟みになって苦しむのではなく、もっと中立的な独自の態度をとるべきだ。間に立って困り果てるのではなく、もっと積極的に仲介をするのが望ましい。米中の間にいるということは、仲介しやすいということにほかならない。それを積極的に利用するわけだ。そうすることによって、日本の国際的な存在感は増すだろう。

キリスト教とイスラム教の関係についても同じことがいえる。

今、世界はキリスト教社会とイスラム教社会の間でしばしば衝突が起こる。キリスト教とイスラム教は同じ神を創造主として信仰する兄弟宗教なのだが、キリスト教徒はイエス・キリストを、イスラム教徒はムハンマドを信仰の対象にしており、考え方がかなり異なる。しかも、イスラム教過激派がキリスト教社会やキリスト教の考え方に反発して、テロを起こしている。それに対して、キリスト教社会の側も報復をすることが多い。暴力的な応酬がなされている。

その点、宗教意識が希薄で、キリスト教国家でもイスラム教国家でもない日本は中立的な立場を取りやすい。しかも、日本は石油プラント建設などの関係で、中東のイスラム教社会とつながりも深い。キリスト教とイスラム教の間で対立が起こったときにも仲介することができる。今は日本は先進国の多いキリスト教社会と同一歩調をとることが多いが、もっと積極的に仲介の役割を果たすことができるのではないか。

もちろん、米中にしても、キリスト教・イスラム教にしても、仲介に失敗すると、両方から恨まれて、むしろ当事者になってしまう恐れがあるので、十分に注意する必要がある。だが、そのようにすることは国際社会において重大な役割を果たし、そのことはこれから先の世界の平和、日本の平和に役立つことになるだろう。

合格フレーズ24

「日本の政党政治の大きな問題は、国民の利益よりも、党利党略を優先しがちなことだ」

国会議員のほとんどはどこかの政党に属して、政党単位で動いている。そのため、国会議員は自分の属している政党の党利党略（党の利益や策略のこと）に縛られてしまう。

政党というのは、そもそもは主義主張や考え方の同じ人たちが集まってつくった政治グループのようなものだろう。議会では、多数決により法案が通ったり通らなかったりするので、考え方の同じ議員同士がグループをつくって賛成反対を同じにしたほうが、自分たちの主義主張や考えに合った法案が通りやすくなる。もし、国会のなかで多数派のグループになれば、自分たちの思い通りに法案を通すことができる。このようなことから、政党が生まれたのだろう。

それに、選挙のときには、立候補者一人一人がばらばらに選挙運動をするよりも、政党の一員として選挙運動をしたほうが、組織で戦えるので、票が得やすい。だから、多くの政治家は政党に属し、その党の一員として選挙に出て、もし当選したら政党の一員として議会やその他で活動することになる。また、国民も、どの政党に属しているかで誰に一票を入れるかを決めるようになる。立候補者一人一人の人柄や考え方などをすべて知った上で誰に投票するのかを決めるのは難しいからだ。

だが、こうなると、議員は政党に大きく依存するようになる。そして、国民のためよりも、党のために活動するようになってしまう。東日本大震災後の政治では、与党と野党の間であからさまな足の引っ張り合いが行われている。本当なら、与野党の違いを乗り越えて、震災復興のために、国会議員一人一人が協力すべきであるはずだ。しかし、野党は、原発事故に対する政府の対応の遅れや不手際を批判してばかりいる。民主党政権を窮地に追い込んで選挙に持ち込めば、勝てると踏んでいるからだ。

このように、日本の政党政治は、ともすると党利党略を優先しがちになってしまう。国会議員は国民の代表として選ばれているのだから、国民のために働くのを使命にするのが当然だ。しかし、選挙で負ければ国会議員でなくなってしまうので、自分の党の得になるような行動をとるようになってしまうのである。

合格フレーズ25「地方分権こそが、これからの民主主義のあり方だ」

日本は、明治時代以降、中央集権を推し進めてきた。江戸時代にも、徳川幕府が江戸を中心にして国を治めていたけれども、まだこの時代は、それぞれの藩にお殿様がいて、その藩を統治していた。しかし、明治以降の中央集権は、首都東京におかれた中央政府が大きな権限を持ち、地方も中央政府に大きく依存するという形だった。企業にたとえるなら、中央政府が本社で、地方自治体はその支店のようなものだった。

この中央集権は、戦後も大きくは変わらなかった。それぞれの都道府県には知事がおり、さらに市町村にもそれぞれ長がいるが、知事や市区町村長が独自にできることは、ごく限られていた。なぜなら、地方自治体が住民から集めている地方税（県民税や市民税など）だけでは自治体を運営していくのが難しく、国から交付金や補助金をもらわないといけなかったからだ。なお、財政面で国に頼らなくてよいのは、現在のところ東京都だけである。また、地方自体が何をするにも、国にお伺いを立てないといけなかった。様々な権限を国が握っているからだ。それに、地方自治体の役所が行っている仕事の何割かは、実は国から請け負っているものである。国の下請けが地方自治体という位置づけだったのだ。

しかし、二〇〇〇年から四年半ほど続いた小泉政権時代以降、地方分権を進めようという動きになっている。まず、国と地方自治体は主従関係ではなく、あくまでも対等な関係であるとした。その上で、税源や権限の一部を国から地方に譲り渡すことになった。しかし、地方自治体は今もまだまだ国に頼らないといけない状況ではある。

地方分権には、もちろん問題もある。地方のことは地方でやらなくてはならなくなるが、しかし、これといって産業もなく、過疎化して税収の乏しい自治体は、赤字が膨らんで財政破綻してしまう恐れもある。また、税収の多い自治体と、そうでない自治体の間で、格差が生じてしまうだろう。住んでいる地域によって、住民が受けられる行政サービスに、大きな差が出てしまうのだ。中央集権のよいところは、日本のどこに住んでいても、だいたい同じ行政サービスが受けられることだ。しかし、地方分権を進めると、必ずしもそうではなくなってきてしまうのである。

だがそれでも、地方分権をさらに進めていくべきだろう。地方は地方で国に頼らず自立していく。そのほうが、地方の実情にあった施策や公共事業を自治体自らの手で行うことができるようになる。中央集権だと、地方は国の方針に従うしかない。そのため、本当は必要もないのに、高速道路や空港をつくったりしてしまった。

また、地方分権を進めたほうが、国の仕事が減り、効率がよくなるだろう。地方でできることは地方に任せたほうが、国は外交や防衛といった国民全体の安全・安心につながる仕事に専念できるようになる。そして、国家公務員の数も、今よりもっと少なくて済むようになる。二重行政という言葉があるように、今は国と地方で同じようなことを行っていたりもする。たとえば、国道は国の管轄だが、県道は県の管轄といったように、同じ地域で管轄の違う道路が走っていると、管理する上で非効率だ。こういった非効率をなくして税金の無駄遣いを少なくしていくためにも、地方分権は必要である。

それに、地方分権によって、住民自治がもっと進むだろう。何でもお役所任せではなく、自分たちの住んでいる地域のことは自分たちで決めて自分たちで取り組んでいく。このように、住民が直接参加する形こそ、民主主義本来のあり方なのである。

合格フレーズ26
「正規雇用と非正規雇用の賃金格差の是正が政治の急務である」

かつての日本では、終身雇用が当たり前だった。大多数の人が正社員として就職し、そのまま同じ会社に定年退職まで居続ける。これが終身雇用だ。しかし、グローバル化が進み、海外企業との競争が活発になると、終身雇用をやめる会社が増えていった。また、正社員として雇う人数も減らしていった。

それに伴って増えたのが、非正規雇用だ。主婦のパートや学生のアルバイトも非正規雇用に入るが、この時期から増えていったのは、いわゆる派遣労働者である。正社員として採用されなかった者や、結婚や出産などで一度仕事を辞めた女性などが、派遣会社に登録し、派遣社員としてほかの会社で働くというケースが増えていった。派遣社員であっても、なにか特殊技能があれば、正社員よりも高い給与が得られる。しかし、企業はそうした派遣労働者だけでなく、なんの特殊技能もない派遣労働者を多く雇い入れて、それまでは正社員が行っていた比較的簡単な業務や作業を派遣社員に任せるようになったのだ。正社員を雇うよりも、派遣労働者を雇ったほうが、人件費を低く抑えることができるからである。

このようにして派遣労働者が増えていったが、しかし、派遣社員は非正規雇用なので、同じ会社で長く働いたとしても、給料は低いままだ。こうした低収入の非正規雇用者が増えたため、日本は所得格差の大きな社会（格差社会）だと言われるようになった。また、いくら働いても収入の少ない非正規雇用者は、一時「ワーキングプア」と呼ばれ、社会問題にもなった。なかには、住むところがなく、ネットカフェに寝泊まりしている者もいて、「ネットカフェ難民」と呼ばれたりもした。また、リーマンショックのときには、派遣社員が大量にクビを切られて、文字通り路頭に迷う事態になった。いわゆる「派遣切り」である。

しかも、それに追い打ちをかけるように、二〇二〇年に新型コロナウイルスが感染拡大した際、多くの企業が事業短縮や休業を強いられたが、企業の側は、非正規労働者を解雇したり、賃金カットしたりすることが多かった。正規労働者はそれほどの被害を受けなかったため、賃金格差はますます拡大した。

二〇二〇年から働き方改革の一環として「同一労働同一賃金」が実施されることになって、非正規労働者と正規労働者の格差はいくらか是正される可能性が高いが、しばらくは格差が続くだろう。

これだけは覚えておきたいキーワード

☑ 大きな政府／小さな政府

小さな政府とは、これまで国が行ってきた業務を民間や地方自治体にできるだけ任せて、国の仕事を外交や治安維持などに限った、規模の小さな政府のこと。大きな政府とは、国が経済や福祉などの面でも大きな役割を担っている、規模の大きな政府のこと。

☑ 福祉国家

国が社会保障を充実させ、貧富の差をなくし、国民のだれもが質の高い生活を送れるようにする国家体制のこと。社会主義国家と似てはいるが、資本主義は維持する。北欧のデンマークやスウェーデンがその代表的な国である。これらの国は高福祉高負担で、様々な福祉サービスを生まれたときから受けられるが、その代わり税金が高い。米国などは、どちらかというと、低福祉低負担である。フランスやドイツなどは、中福祉中負担。日本も一般的には中福祉中負担だといわれているが、中福祉低負担だという人もいれば、低福祉低負担だという人もいる。いずれにしても、日本は超高齢社会になるなかで、国民の負担を上げていかないと、財政破綻してしまうだろう。

☑ 人権

だれもが生まれながらに持っている、人間としての権利のこと。生きる権利（生存権）

をはじめ、自由や平等などの権利は、たとえ国家であっても侵害することは許されない。人権は、国の違いを問わず、どこでもだれにおいても尊重されるべきもの（普遍的価値）と見なされており、人権を守ることが民主主義の大原則となっている。

☑ 衆愚政治

「衆愚」とは、愚かな民衆のこと。民主主義では、民衆の意向に沿って政治が行われるので、民衆が愚かで、誤った選択をしたら、政治が悪い方向へ向かってしまう。このように、愚かな民衆に選択権がある政治のことを、衆愚政治という。民主主義には、この衆愚政治を招いてしまう危険性が常にある。

☑ 個人

自由かつ平等な一人の人間のこと。人は通常、家族、学校、会社、地域社会、国家といった集団に属して生活しているが、そうした集団を取り払った場合に残るのが一人一人の個人である。

☑ 市民

古代ギリシャのポリス（都市国家）や古代ローマでは、自由な民として投票権を持ち政治に参加していた人たちを、「市民」と呼んでいた。また、中世ヨーロッパでは、「市民」は、自治権のある都市に住む住民（裕福な商工業者など）のことを指していた。そしてフランス革命以降は、参政権を持つ自由かつ平等な個人のことを「市民」と見なすようになった。

☑ 保守／革新

「保守」は、伝統や慣習を重視し、社会などを新しく変えようとするのを好まない考え方や態度のこと。逆に、「革新」は、伝統や慣習にとらわれず、社会などをよりよく変えていこうとする考え方や態度のこと。政治的には、右派は「保守」で、左派は「革新」。

☑ 右翼／左翼

フランス革命後の議会で、保守的な人たちが議場の右側に座り、革新的な人たちが左側に座ったことから、前者を「右翼」（あるいは「右派」）、後者を「左翼」（あるいは「左派」）

と呼んだ。民族主義的な思想を持つ極端な右派を「極右」、極端な左派である共産主義者を「極左」と言ったりもする。なお、日本では、「右翼」は、天皇崇拝、国粋主義的な思想を持つ人たちを指し、「左翼」は社会主義者や共産主義者のことを指す。

☑ リベラリズム

日本語に訳すと「自由主義」となるが、様々なニュアンスで用いられる。現在では、「個人の自由を尊重しながらも、社会的弱者の救済などの福祉を重視するべきだ」という考え方を指すことが多い。社会民主主義の考え方に近いといってよいだろう。保守主義と対立して用いられることが多い。保守主義の人が、「秩序ある社会を重視し、個人よりも社会の規律を大事にし、秩序を破る人間には厳しい罰を科すべきだ。昔ながらの伝統的な社会を大事にする」と考えるのに対し、リベラリズムの考え方は、個人の権利のほうを尊重しようとする。

なお、「リバタリアニズム」(リベラリズムよりも、もっと個人の自由を尊重すべきだという立場の思想。「他者の権利を侵害しない限り、個人は何をするのも自由だ」という立場をとる)や、「コミュニタリアニズム」(個人の自由をただ重視するのではなく、個人に対して持つ共同体の役割に目を向けるべきだとする思想のこと。通常、「共同体主義」と訳される）というような用語も政治用語として用いられる。

同一労働同一賃金

同じ労働をしたものに対しては同じ額の賃金を払うべきだという原則。これまで、ほぼ同じ労働をしても、非正規労働者と正規労働者との間の賃金に大きな差があることが多かった。たとえば、スーパーのレジ係を非正規労働者と正規労働者がほぼ同じ時間働いても、非正規労働者は三分の二程度しか給料をもらえないといった例がふつうだった。それを是正するために二〇二〇年から同一労働同一賃金の原則が重視されるようになり、法律化された。これからどのようにそれが実際に運用されるかはこれからにかかっている。

合格フレーズを使った小論文の例

民主主義社会の鉄則として、多数決が用いられている。会議でも多数決が用いられ、選挙でも多数決によって決定する。民主主義社会の決定法として多数決は正しいといえるのだろうか。

確かに、多くの人々の意見を集約するには多数決を使わないわけにはいかない。すべてにおいて多数決は重要な決定システムである。決定するのが民衆である民主主義においては、多数を優先するのは当然であり、そのために多数決を原則とするしかない。しかし、多数決には様々な欠陥があることを踏まえて、それを改める工夫をする必要がある。

民主主義の基本は人権思想である。人には生まれながらに権利があり、民衆の権利を最大限に守るのが民主主義の基本である。それゆえ、万一、多数決が人権を否定するような決定を行った場合には、多数決による決定を無前提に受け入れるべきではない。たとえば、多数決によってある地域の人々の権利を奪うような決定がなされたとする。その決定は大多数の人間の利益になるだろう。だが、一部の人の人権を犠牲にすることになる。それは民主主義の手続きとして問題がある。安易に決定するのではなく、ほかの方法はないかをしっかりと検討する必要がある。そうした手続きを経てこそ、民主主義といえるのであり、それ抜きに多数決で決めてしまうのは、人権を軽視しているがゆえに民主主義社会における好ましい決定方法とは言えないのである。

以上の通り、多数決には様々な欠陥があり、今後改善してゆくべきだと考える。

テーマ5 日本文化

日本の文化は、混合文化である。日本は江戸時代までは中国の文化を、明治時代以降は西洋文化を積極的に取り入れてきた。そのため、和と漢の混合、和と洋の混合が現在の日本文化を形作っている。たとえば、宗教にしても、日本古来の神道のほか、仏教や儒教も日本の伝統文化の一部となっている。また、現代の日本文化は欧米化がかなり進んでいる。

つまり、日本人は昔から外国の進んだ文化を積極的に取り入れ、和の文化と混ぜ合わせることで、独特の文化をつくってきた。ただし、日本は島国であり、歴史上、外国の支配を受けたことがないため、日本人や日本社会は閉鎖的で異質だと言われることもある。そのため、日本人や日本社会の特殊性がよく問題になる。入試小論文でも、よく取り上げられるテーマなので、文学部志望者以外でも、知っておく必要がある。

そのまま使える合格フレーズ

合格フレーズ27 「日本は多神教の国である」

日本の固有の宗教である神道は、多神教である。「八百万《やおよろず》の神々」と言われるように、神道は生き物や自然物に神が宿ると考えるほか、人間の使う道具や言葉などにも霊が宿ると見なす。また、神道は、長らく仏教と共存してきたことからも分かるように、外国から入ってきた他の宗教を敵対視したりはしない。

このような特徴を持つ神道は、日本人の気質と深くかかわっている。たとえば、神道はたとえ敵であっても、死者を手厚く葬る。死者を辱めるようなことはしない。その影響から か、日本人は、たとえ相手に恨みを抱いていたとしても、その相手が死者になれば、生前の恨みは水に流す。なお、これは逆に、何か重大な罪を犯したときには、死んで詫《わ》びるという心情にもつながる。自分の命を絶つことで、世間の人たちは自分の罪を水に流してくれるからだ。

合格フレーズ28

「日本はムラ社会である」

ムラ社会という言葉は、日本社会のあり方を批判するときによく使われる。昔の日本の農村部では、人々は村単位で生活していた。一つの村には、その村独自のしきたりや掟《おきて》があり、村人はそれを守りながら、互いに助け合って生活していた。もし、しきたりや掟を破ると、村八分にされた。

こうした村の特徴は、現代の日本社会の様々な集団にも多かれ少なかれ当てはまる。みなが同じこと（同質性）を好み、異質な者は排除される。そうすることで、強い仲間意識を保とうとする。また、一人だけ目立ったりすると、周りから叩かれるので、人の顔色をうかがい、空気を読んで、周りに合わせようとしなくてはならない。そして、集団内に弱い者がいると、陰湿ないじめを行う。

こうしたムラ社会的な集団はどうしても閉鎖的になるので、外から新たに入ってきた者にとっては、その集団内の人間関係や暗黙のルールを把握するのに時間と労力がかかり、ともするとストレスになる。その集団にうまく馴染《なじ》めなくて、疎外されているように感じたり、いじめの対象にされてしまったりすることも少なくない。

合格フレーズ29 「日本人は集団主義的な傾向が強い」

日本人は集団主義だと外国の人たちから批判されることが多い。多くの日本人はムラ社会的な集団のなかで育つので、どうしても集団主義的になってしまう。つまり、個の意識が弱く、集団の中に自分の居場所を見つけることで、安心しようとする。そのため、集団内では自己主張をせず、周りに合わせようとする。

こうした日本人の傾向は、一概に悪いことだとは言えない。集団内では、できるだけ対立やもめ事を避け、すべて丸く収めようとするからだ。

東日本大震災の後、避難所で多くの人がおとなしく配給される水や食料を待ち、しっかりした秩序が保たれていることが多くの外国の人々から称賛された。これまで多くの外国では、災害にあった人々が略奪したり、配給品をめぐって争ったりする場面がみられたが、そのようなことがなかった。それも、自分を抑えて集団の秩序を重んじる日本人の集団主義の傾向によるものといえるだろう。

しかし、必ずしも集団主義はよい面ばかりではない。とくに、個人主義の強い欧米人は、日本人の集団主義に違和感を覚えるらしい。欧米の社会では、個人がまずあって、その個人同士がお互いに個性をぶつけ合いながら、つながりを持っていく。一方、日本の社会では、集団あっての個人である。だから、どのような集団に属しているかがまず大事になってくる。個人の人格や個性よりも、有名大学に通っているだとか、一流企業に勤めているだとか、そうした肩書のほうが社会的に重んじられてしまう。

そして、集団主義の最大の問題点は、自分の属している集団に忠誠を誓い、集団の利益のためなら何でもしてしまうことだ。たとえば、集団内で不正なことが行われていても、その不正が集団の利益のためなら目をつむってしまう。もし、不正を外部にもらしたら、裏切り者扱いされるからだ。だから、個人の良心に従うよりも、自分の属する集団を守ることのほうが重要になってしまう。企業などが、不正を隠したり、事実を公表しなかったりするのは、その企業に属する者にとって、自分の企業を守ることが最優先されるからである。

合格フレーズ30
「日本社会でも徐々に個人主義が強まっているが、西洋流の個人主義とは異なる」

「個人主義」とは、そもそもは、国家や社会よりも、個人の権利を重んじようという考え方のことだ。近代の民主主義は、こうした意味での「個人主義」をベースにしている。そのため、欧米の社会では、個人の自立が強く求められる。子どもは生まれたときから、親とは別人格の個人として扱われる。親はもちろん子どもの面倒を見るけれども、日本のように、やたらと甘やかしたりはしない。個人として自立できるように育てていく。日本では、親はともすると子どもを自分の一部のように感じ、子どもをただ甘やかすだけになってしまう。そのため、子どもも親に甘えるのを当たり前のように思うようになり、なかなか親離れができなくなる。もちろん親も、子離れができない。昔のように兄弟が多ければ、親は二人しかいないので、子どもがある程度の年齢になれば、子ども任せにせざるをえなかった。そのため、子どもも自然と親離れしていった。しかし、今は一人っ子が多くなっているので、親は子どもの世話を焼きすぎて、親離れ子離れが難しくなっているのだ。

また、日本人は親子の間だけでなく、他人同士の間でも、自他の区別が曖昧である。同じ学校の生徒同士や同じ会社の仲間同士だと、それだけ非常に親密になり、仲間意識が強くなる。そうした仲間内だと、自他の区別が曖昧になっていく。その代わり、自分たちとは別の集団に属する人たちに対しては、排他的になりがちである。

こうした集団主義的な傾向のある日本人のなかに、西洋流の個人主義が入ってくると、どうなるか。それは、利己主義に変質してしまう。つまり、自分さえよければそれでよいという考え方になってしまう。欧米の人たちには、まず、キリスト教という、個人を個人として支えるモラルの柱がある。さらに、近代の市民社会の発展のなかで、市民としてどう振る舞うべきかという公共のモラルも発達し、共有されている。西洋の個人主義は、こうしたものと本当は切り離すことができないのだが、日本の社会には個人主義だけが入り込んできた。そのため、個人主義は利己主義になり、個人の自立は個人の孤立になってしまった。

しかも、近年のゆとり教育が個性の重視を打ち出したものだから、自己中心的な若者が増えてしまっている。また、若者のひきこもりが増えたのも、その裏返しであって、他人とかかわると、自分が傷つけられるから、自尊心を守るために他人とのつながりを自ら断ってしまうのだろう。

これだけは覚えておきたいキーワード

☑ 建前／本音

「建前」とは、人が公の場でもっともらしく発言する表向きの意見や考えのこと。「本音」とは、公の場では素直に口にするのがためらわれる、本心の思いや考えのこと。

☑ サブカルチャー

「サブ」とは「下位」の意味で、純文学やクラシック音楽などの上等な文化（ハイカルチャー）に比べ、マイナーで下等だと見なされた文化のことを指す。日本では、マンガやアニメやゲームなどを批判的にそう呼んでいた。

☑ 同調圧力・空気を読む・忖度《そんたく》

同調圧力とは、みんなが同じであるように強制しようとする圧力をいう。一人だけ違う行動をとっていると、同じようにするように圧力をかけてくる。そのような同調圧力が日本社会では特に強いといわれる。これもまた日本の集団主義の一つの表れといえるだろう。また、同調圧力を感じて、自分から空気を読んで、周囲に合わせることも日本人にはよくある。そして、相手の気持ちを忖度して、相手が喜ぶように事を運ぶことも多い。こうしたことは、もちろん外国にもあることだが、気を遣い、心配りをし、遠慮しあう日本社会では、とりわけこの傾向が強いといえるだろう。

☑ 世間

「社会」とは、自由かつ平等な個人の集まりである。一方、「世間」は、一人一人にある価値観や決まりごとを強制する人間関係の総体のことである。たとえば、長幼の序を重んじるだとか、お歳暮・お中元を贈り合うだとか、そうした慣習を強制するのが日本の世間だ。この世間の暗黙の決まり事に反した行動をとったりすると、世間の人々からバッシングを受ける。「世間知らず」という言葉があるが、これは世間の暗黙のルールが分かっていないということだ。現代の日本人は、個人として自由に生きることを望みながら、現実には世間の目を常に気にしながら生きている。ただし、最近では、この世間が消え始めているのではないかという指摘もある。

☑ タテ社会

日本社会では、それぞれの組織が一つの共同体となっており、人間関係がその組織内で閉じていて、外部の人たちとのつながりが少ない。「タテ社会」とは、このように横のつながり（ネットワーク）の乏しい、日本独特の組織構造のことである。なお、この言葉を、上下関係の厳しい社会のことだと誤って理解している人が多い。

☑ 個人化

社会のそれ以上分割できない単位は「個人」であり、その「個人」が集まって家族や学校や会社といった集団をつくっている。しかし、人々がそうした集団とのつながりをなくし、個人としてのみ生きるようになることを、「個人化」という場合がある。個人主義とはまた別の概念なので、混同しないよう気をつける必要がある。

合格フレーズを使った小論文の例

日本人はよく、イエス・ノーをはっきり言わないと批判されることがある。では、こうした傾向は改めるべきなのだろうか。

確かに、外国の人たちは、イエス・ノーをはっきり言うことが多い。たとえば、移民の国アメリカでは、様々な人種や民族が入り交じって暮らしているので、イエスかノーかをはっきり言わないと、意思が伝わらない。日本人も、こうした異文化の外国人とつき合うことが多くなっているのだから、イエス・ノーをはっきり言うべきだという意見もあるだろう。しかし、この日本人の傾向を無理に変える必要はないと考える。

日本人は集団主義的な傾向が強い。そして、イエス・ノーをはっきり言わないのも、集団主義の表れだ。だが、これは一概に悪いとは言えない。日本人は集団内では、できるだけ対立やもめ事を避けようとする。一方、個人主義の強い欧米人は、ともすると個人と個人が激しく対立し、争いが起きてしまう。米国は訴訟社会だと言われるが、個人と個人が一度対立すると、裁判で決着をつけるしかなくなるのだ。日本人は、たとえ個人と個人が対立しても、訴訟にまではなかなか至らない。これは、相手の立場も慮《おもんぱか》って、妥協するからだろう。イエス・ノーをはっきり言わないのも、無用な対立を避けるためなのである。

したがって、イエス・ノーをはっきり言わない日本人の傾向を改める必要はない。

テーマ6 少子高齢化・人口減少

少子化とは、子どもの数が減っていくことである。少なくとも医療の進んだ国では、生まれた子どものほとんどが病気などで死なずに成長していくので、子どもの生まれる数の減少がそのまま子どもの数の減少につながっていく。子どもの数が減っていけば、その国の人口もいずれ減っていく。同じ人口を維持していくには、平均して一人の女性が一生のうちに二人の子どもを産む必要がある。この平均の数(出生率)が二人を下回ると、人口が自然に減っていく。

高齢化とは、六五歳以上の高齢者の数が多くなることである。総人口に占める高齢者の割合が七パーセント以上になると「高齢化社会」、一四パーセント以上になると「高齢社会」、二一パーセント以上になると「超高齢社会」という。日本は二〇〇七年にすでに超高齢社会となり、二〇一九年には、高齢者の割合は二八パーセントを超えている。日本は世界一の長寿国で、平均八〇歳前後は生きるので、高齢者の数は自然に増える。それと同時に、少子化が進んだので、総人口に占める高齢者の割合が異常に多い社会となった。

なお、少子高齢化は、日本だけが抱えている問題ではない。経済がある程度発展した国では、一部の例外を除いて、この問題に直面している。たとえば中国などは、人口増加を抑える目的で「一人っ子政策」を長年行ってきたため、長期的に見ると、少子高齢化問題が現在の好調な経済発展に大きな影を落とすはずだ。

いずれにしても、少子高齢化、そして、それにともなう人口減少は今後の日本の政治経済や社会のあり方を大きく左右する。日本の未来を展望する上で、そのような問題とどう向き合うかを考えないわけにはいかないのである。したがって、法学部や経済学部などを志望している受験生にも、このことが問われる可能性が高いだろう。

そのまま使える合格フレーズ

合格フレーズ31
「超高齢化により、若い世代の負担が重くなり、世代間格差が大きくなる」

今後も増え続ける高齢者の生活を支えているのは、現在働いている人たちである。今の日本では、六五歳になると、国から年金がもらえる。ただし、その年金は高齢者自身が積み立てたお金がもどってくるというより、今働いている人たちが年金のために払っているお金や税金から出ていると言ったほうがよい。また、年金だけでなく、高齢者のための医療や介護の費用を負担しているのも、今働いている人たちだ。

そのため、高齢者の数がどんどん増えていき、それに対して少子化のせいで若い世代の人口が減っていくと、若い世代一人一人の負担が重くなっていってしまう。そして、若い世代の人たちが高齢者になったとき、そうした負担に見合うだけの年金が受け取れたり、充実した医療や介護が受けられたりするかというと、そんな保証はどこにもない。下手をすると、今の高齢者よりもずっと恵まれない老後になってしまうかもしれない。

つまり、今のままだと、老後の社会保障という面では、世代間で大きな格差が生じてしまう恐れがあるのだ。こうした世代間の不平等ができるだけ小さくなるよう、今のうちから何らかの手を打っておく必要があるはずだ。

合格フレーズ32

「少子高齢化が進むと、介護の問題がさらに深刻化する」

高齢者が長生きすることは大変喜ばしいことだが、ただし、いつまでも元気でいてくれるわけではない。場合によっては、介護が必要になってくる。日本ではこれまで、老人の介護は主に家族がしていた。しかし、家族だけで介護するのは経済的にも精神的にも大変負担が大きい。また、今はお年寄り夫婦だけで暮らしている世帯も多く、そのため夫婦のどちらかが介護の必要な状態になると、老人が老人を介護することになってしまう（老老介護）。

こうした状況を受けて、国は介護保険制度をつくり、介護の必要なお年寄りが公的な介護サービスを受けられるようにした。しかし、まだまだ問題も多い。高齢者の介護を充実させるには、介護士の数を増やしていかなくてはいけないが、しかし、介護の仕事はきつい割に賃金が安いため、介護士の資格をとっても、仕事として長続きしない。そのため、介護士の不足が問題となっている。こうした分野では外国人の手を借りるなど、何らかの手を打たないと、今後、人手不足の問題がさらに深刻化していくだろう。

合格フレーズ33 「少子化に歯止めがかからないと、日本の人口は大幅に減少してしまう」

今のまま少子化が続くと、日本の人口はいずれ大きく減少してしまう。人口が減るというのは、経済的には大きな問題だ。

まず、それだけ日本の消費者が少なくなるので、日本の市場規模が小さくなってしまう。たとえ人口が減っても、国民一人一人が今よりもっとお金を稼いで、それをたくさん使うようになれば、市場は小さくならないだろう。しかし、今後、日本の経済がよほど大きく成長するようなことがない限り、それは難しい。

また、若い世代の人口が少なくなっていくので、日本は労働力不足になってしまう。大企業は、労働力を求めて、工場を海外にどんどん移してしまうかもしれない。中小企業では、従業員が高齢化していってしまうだろう。これでは、日本国内の産業が衰退し、経済が悪化して、生活の豊かさが失われていく危険性もある。

ただし、人口が減ることは悪いことばかりではないだろう。人口密度が低下するので、たとえば東京などでは通勤の混雑が緩和されるだろうし、道路の渋滞も減るだろう。また、地価も下がるだろうから、収入は上がらなくても、広い土地と大きな家に住めるようになるかもしれない。そうなると、私たちの生活はもっと快適になる可能性もある。

合格フレーズ34 「このまま少子化が進むなら、移民を入れるしかない」

少子化に歯止めがかからないと、いずれは労働力不足になってしまう。それを解消する方法として、高齢者や女性の活用がある。高齢者や女性にもっと働いてもらうということだ。日本では、定年退職という制度があるが、いっそのこと定年退職をなくして、働く意欲のある高齢者には、もっと働いてもらうようにする。また、家庭に入っている女性にも、もっと社会に出て働いてもらう。こうすれば、労働力不足はある程度補えるかもしれない。

しかし、それでも、労働力が足りないのであれば、移民を大量に入れるしかないだろう。今でも、外国人が日本に来て働いているが、その数をもっと大幅に増やすということだ。

移民を大量に入れることには、問題もある。まず、日本人とは、宗教も生活習慣も違う様々な外国人が入ってくるので、日本人との間で文化摩擦が起きて、もめ事が多くなるかもしれない。また、外国人同士の間でも、同じようなことが起きる恐れもある。また、日本の社会に馴染めなくて、仕事を辞めてしまい、やむなく犯罪に手を染めてしまうというケースも出てくるだろう。あるいは、不況時には、移民が真っ先にその煽《あお》りを食らうので、そうした場合、不満を持った移民たちが暴動を起こす恐れもある。つまり、移民を大量に入れることには、治安が悪化するというリスクがあるのだ。もし本当に治安が悪化したら、移民排斥運動も起こって、さらに事態が悪くなるだろう。

しかし、移民を入れることのメリットも大きい。労働力不足の解消だけではない。途上国から若くて意欲のある人たちに来てもらえば、日本人並みの生活をしようと、真面目に働き、たくさん消費をしてくれるはずだ。そうなると、それだけ景気がよくなるだろう。また、日本の若者がやりたがらない農業などの分野に移民を入れれば、日本の第一次産業の衰退を食い止めることができるかもしれない。

ただ、本気で移民を入れるのなら、日本人と同一賃金、社会保障も日本人と同じように受けられることを大原則にする必要がある。そうしないと、低所得の移民が増え、かえって日本社会の重荷になってしまいかねないからだ。この大原則を守りさえすれば、日本に働きに来たいという人は海外に少なからずいるだろう。企業は優秀な人材を海外から集めることも可能になるはずだ。

合格フレーズ35 「少子化に歯止めがかからないのは、政治が無策だからだ」

日本の少子化の原因はいくつかある。まず一つは、多くの女性が社会に出て働くようになり、晩婚化や非婚化が進んだことだ。女性の結婚年齢が遅くなればなるほど、それだけ子どもをたくさん産むのは難しくなる。また、子どもがほしくてもできない女性も増えてしまう。それに、最近では、理想のパートナーが見つからないので結婚しないという女性も増えてきている。結婚しないのは本人の自由ではあるが、これが少子化の要因の一つになっている。

また、日本では、子ども一人を大学まで出すのに、一千万円ほどの教育費がかかるといわれる。小学校から大学まですべて公立に通わせたとしても、塾や予備校にかかる費用がばかにならないのだ。このように教育費が高いとなると、夫婦の収入によって子どもの数もだいたい決まってきてしまう。収入の多くない夫婦には、子どもを一人育てるだけでも経済的に大変なのだ。しかも、今は不況なので、給料が今後大幅に増えていくという見込みもない。そのため、子どもを二人以上持つというのは、経済的なリスクが高いのである。

この少子化に対して、自民党政権時には、目立った対策は打ち出されなかった。むしろ、格差を大きくし、結婚したくてもできない低所得の若者を多く生んだため、少子化に拍車をかけたと言ってもよいほどだ。民主党政権になって、子ども手当や高校無償化が実施された。これらは少子化対策だと見てよいだろうが、ただし、大きな効果があったとは思われない。

なお、フランスはもっと大胆な少子化対策をとったため、出生率を回復させたという実績がある。民主党はフランスの政策に学んだのだろうが、どうせなら保育園から大学までをすべて無償にするなど、もっと思いきった政策を打ち出すべきだろう。そうすれば少子化に歯止めをかけることができる。

合格フレーズ36

「少子化は、女性の地位が向上した当然の結果である」

先進国のなかで少子化が起きていないのは、アメリカだけである。出生率が回復したフランスも、一時は少子化が進んでいた。フランスで出生率がある程度まで回復したのは、政府が様々な育児支援策を実施したからである。ただし、日本でも、フランスと同じような対策をとれば出生率が回復するかというと、必ずしもそうとは言えないだろう。民主党政権になって、子ども手当などの少子化対策を行ってはいるが、二〇一九年度の出生率が一・三六人と、過去最低だった二〇〇五年の一・二六人に比べると、多少上向きになってきた程度である。

少子化は、以前に比べて、女性の地位が向上した結果だろう。バブル経済が崩壊し、日本の経済は長い停滞期に入った。その一方で、女性はどんどん社会に進出している。大学でも、かつては法学部や経済学部などに入ってくる女子学生は少なかったが、今は男子学生の数と差がなくなってきている。これは、若い世代の女性が自立を求めるようになったことを意味していると言えよう。

かつての男性中心社会では、女性は経済面では男性に頼らざるをえなかった。就職しても、女性というだけで、男性社員と同じ仕事はさせてもらえず、給料も男性社員より低かった。だから、若いうちに結婚して家庭に入り、子どもを産んで育てることに生き甲斐《がい》を感じたほうが幸せだった。しかし、今は、女性も男性と同じように働けるようになり、給料もはじめから男性と差をつけられることもなくなった。つまり、女性が社会のなかで男性に頼らず自立していけるようになったのである。そうなると、早々と家庭に入って家事育児に勤《いそ》しむよりも、自分で働いて得たお金を自分の好きなように使って、自分の生活を充実させるほうを選ぶようになる。

こうした自立した女性が多くなると、晩婚化や非婚化も進んでしまう。当然、少子化になる。男女同権が実現されてくると、女性は子どもを産み育てることよりも、自己実現のほうを優先するようになるのだ。だから、本気で少子化に歯止めをかけたいのであれば、子どもを産み育てることが、社会に出て働き自己実現していくことの妨げにならないような社会にしていく必要があるだろう。

合格フレーズ37
「少子高齢化を受け入れて、安定した低成長社会を目指すのも一つの道だ」

日本は、経済の高度成長期を終えて、低成長期に入っている。今後は移民を大量に入れるなどしない限り、高い経済成長率は見込めないだろう。だとするなら、年率一〜三パーセント程度の低い経済成長を続けながら、少子高齢化がさらに進んでも今の豊かさを維持できる社会にしていくほうがよいと考えることもできる。

経済の低成長期に入った社会のことを、「成熟社会」と呼ぶことがある。この社会では、人々はもはや高度経済成長期のように物質的な豊かさを求めるのではなく、精神的な豊かさや生活の質の向上を重視するようになるというのだ。そして、ヨーロッパはこうした段階にいち早く入っているとも言われている。では、日本はどうかというと、今は「成熟社会」に移行する過渡期と言ってよいのではないだろうか。

情報技術がこれだけ進歩してきているのだから、これをフルに活用するなどして、もっと効率のよい社会にしていけば、一人当たりの生産性も向上していくはずだ。たとえば、すべての自動車にＥＴＣの装備を義務付ければ、高速道路の料金所がいらなくなるし、渋滞も減らせるだろう。また、様々な規制も非効率を生んでいるので、無意味な規制をなくしていけば、仕事上で無駄な労力を使わなくてすむようになる。こうした効率化を徹底していけば、今より少ない時間で同じ仕事ができ、それだけ生活のゆとりも生まれてくるだろう。そうなれば、精神的な豊かさや生活の質の向上を実現することが可能になるのではないだろうか。

合格フレーズ38 「日本社会の階層化が少子化を助長している」

今の日本では、所得格差が大きくなっている。大企業に勤めている人たちは、子どもが二、三人いても十分育てていけるだけの給料をもらっているが、非正規雇用で働いている人たちは、収入が少なく、一人で生きていくだけで精一杯だ。

階層化とは、所得の多い上流の人たちの層と、所得が平均的な中流の人たちの層、そして所得の低い下流の人たちの層がはっきりと分かれて固定化してしまうことを言う。日本は、バブル経済が全盛のころまでは、「一億総中流」と言われ、ほとんどの国民が自分は中流以上だと思っている時期があった。事実、普通に就職して真面目に働いていれば、年齢に応じて収入が上がっていった。そして、だれでも家が買えたし、年に一度か二度くらいは家族で海外旅行に出かけるといった、ゆとりある生活を送ることができた。しかし、今は、就職に失敗すると、そのまま下流から抜け出せなくなってしまう。あるいは、自ら進んでフリーターになったような人たちも同じことだ。非正規雇用で単純労働ばかりしていたのでは、高度なスキルが何も身につかない。そのため、正社員として働きたいと思っても、何か特殊技能がなければ、正規に雇用してもらうのは困難だ。

しかも、男性の場合、年収が低いと結婚するのも難しくなってしまう。また、もし結婚したとしても、女性のほうが高収入でもない限りは子どもをもうけて育てる余裕がないだろう。このように、所得の低い下流の若者が増えれば、当然、少子化が進んでしまうことになる。女性も、かつては定職のある男性であれば生活の安定が見込めたので、結婚に踏み切りやすかっただろう。しかし、今の時代は、たとえ男性が定職に就いていたとしても、将来的に生活の安定が見込めるかは、ある程度の年齢になってみないと分からない。こうした事情から、女性の晩婚化や非婚化が進み、少子化につながっているとも考えられる。

これだけは覚えておきたいキーワード

☑ 晩婚化、非婚化

初めて結婚する年齢が上がっていくことが、晩婚化である。日本人の初婚年齢の平均は、二〇一九年で、男性が三一・二歳、女性が二九・六歳だった。非婚化は、一生涯結婚しない男女が増えること。近年の晩婚化や非婚化も、少子化の一因とされている。

☑ 孤独死

高齢化が進み、独居老人の数も年々増えている。かつては、お年寄りは長男夫婦と同居というのが一般的であり、老人の一人暮らしは珍しかった。しかし、核家族化が進み、結婚した子どもが親と同居するのが昔ほど当たり前ではなくなってきた。そのため、高齢者夫婦だけの世帯が増え、さらに夫婦のどちらかが亡くなって、独居になる老人も増えてきた。その結果、一人暮らしの老人が、近所の人たちにも、身内にも気づかれないまま、病気などで亡くなっていたということがたびたびあり、老人の孤独死として問題になった。

☑ シルバー民主主義

超高齢社会になり、高齢者の割合が非常に多くなると、高齢者の考えや意見が政治に反映されやすくなる。政治家も、高齢者の反感を買うような政策を打ち出しにくくなる。こうなると、逆に、若者の考えや意見は政治に反映されにくくなってしまう。若者にとっては得にならないことが、高齢者の賛成によって決まってしまったりもする。このように、高齢者が多数派になり、高齢者の意向で物事が決まってしまうような民主主義のあり方を「シルバー民主主義」と言うことがある。若者は一八歳まで選挙権がないのに、少子化が進み、若者の数が減ると、若者は社会のなかの少数派になってしまう。

☑ 買い物難民

以前は、住宅地に商店街があって、多くの人はそこで買い物をしていた。ところが、最近は郊外型の大型スーパーやショッピングモールが増えてきた。人々は車を使って遠くまで行って大量に買い物をするようになった。ところが、そうなると、車の運転のできない高齢者は生活用品を買うことができなくなる。歩いて行くにも、高齢者には遠すぎる。そのような買い物ができなくなった高齢者を特に「買い物難民」と呼ぶ。こうした状況を改善するために、宅配を行うスーパーなどが出てきている。新型コロナウイルス感染拡大の影響でそのようなスーパーは客をふやしたが、それが定着するかどうかはこれからの課題になるだろう。

合格フレーズを使った小論文の例

日本は、少子高齢化がものすごい速さで進んでいる。そのため、政府は少子化対策をとるなどしている。では、少子高齢化は今後の日本にとって本当に好ましくないのだろうか。

確かに、少子高齢化が進むと、人口バランスが悪くなり、少ない現役世代で、多くの高齢者の生活を支えないといけなくなる。当然、税金などが高くなり、現役世代の負担が今よりずっと重くなるだろう。しかし、少子高齢化は悪いことばかりではないのだ。**少子高齢化を受け入れて、安定した低成長社会を目指すのも一つの道である。**日本はすでに経済の低成長期に入っている。また、少子高齢化の影響で、今後は人口が減少していく。人口が減れば、人口密度も下がり、日本はもっと暮らしやすい社会になるはずだ。たとえば、土地の価格が下がって、家なども今より安く手に入るようになる。また、ごみごみしたところで暮らし、少ないポストをめぐって激しい競争をする必要もなくなる。満員電車に乗って通勤することもなくなり、生活にゆとりが出てくる。また、情報技術をフルに活用すれば、もっと効率のよい社会にしていけるだろう。そうすることで、一人当たりの生産性も向上していくはずだ。生産性が上がれば、個人の所得も増えるだろう。つまり、少子化であっても、もっと快適な生活を実現しながら、高齢者の生活を支えていくことは可能なのである。

したがって、少子高齢化は好ましくないとは必ずしも言えないのである。

テーマ7

医療

医療の問題としては、まず、医療のあり方の問題がある。昔は、医者の言うことは絶対であり、患者は内心不満に思っても文句一つ言えなかった。また、治療方法を自分で選ぶこともできなかった。医者が決めた治療を黙って受けるしかなかった。しかし、近年、そうした医者と患者の関係が変わりつつある。患者中心の医療になりつつある。

また、医療技術もどんどん進歩している。今、もっとも注目されているのは、再生医療だろう。まだ実用化されていないが、心臓や肝臓などの臓器が再生できるようになれば、人間は今よりもずっと長く生きられるようになるかもしれない。また、臓器移植も、再生医療が実用化されるまでの過渡的な医療技術になるだろう。

ともかく、現在の医療は、法律の整備や私たちの倫理観が追いついていけないほど日々進化しているので、医学部志望でなくても、知っておく必要がある。

そのまま使える合格フレーズ

合格フレーズ39 「医師と患者は対等な関係であるべきだ」（インフォームド・コンセント）

これまでの医療では、医師のほうが患者よりも立場が上であり、患者は医師の言うことにただ従うだけだった。だから、何のための治療なのか分からないまま、治療を受けたりしていた。こうした医師と患者の関係だと、仮に医師が診断を誤ったとしても、患者は誤診だと気づかずじまいだった。

しかし、近年、医師と患者はあくまでも対等な関係だという考え方に変わってきた。そのため、医師は患者にこれから行う治療についてきちんと説明し、患者の同意を得なくてはならなくなった（インフォームド・コンセント）。患者には自分が受ける医療について知る権利があるからだ。そして、場合によっては、その治療を拒否することもできる。治療は、医師が患者に一方的に押しつけるものではなく、患者が選択すべきものであるからだ。

合格フレーズ40

「医師の診断は絶対ではない」（セカンド・オピニオン）

以前は、一般の患者は医学や医療についての知識などほとんどなかった。だから、治療については、医者任せにしている面があった。しかし、今はインターネットでどんなことでも調べられる。その結果、医学や医療の専門知識について、一般の人たちも簡単に知ることができるようになった。そのため、自分のかかっている医者の言うことを鵜《う》呑《の》みにしなくなってきている。

そうしたことから、医療の側でも、患者が治療を受けている医師とは別の、第三者の医師に患者自身が今の治療でよいのかなどの意見を聞くことを認めるようになっている（セカンド・オピニオン）。以前であれば、そんなことをしたら、患者が医師を信用していないことになるので、医師と患者の関係が壊れていただろう。しかし、今は患者自身が納得して治療を受けることを重視しているのだ。

合格フレーズ41 「医療は患者から、人間らしさを奪っている」（ＱＯＬ）

重い病気で入院していると、人間らしい生活がほとんどできなくなってしまうケースがある。治療や薬の副作用で、意識がもうろうとしてしまい、動きたくても動けないのだ。病気を治すためなのだから仕方ないという見方もあるが、看護師や家族の助けを借りないと何もできないという状態になると、患者は自尊心が傷ついてしまう。そのため、医療の側も、患者が望めば、無理な延命治療は行わず、痛みを和らげるなどして、人間らしい生活が送れるような手助けも行うようになった。

合格フレーズ42 「どのように死を迎えるかは、患者本人が自己決定すべきだ」（リビング・ウィル、尊厳死）

これまでの医療では、治る見込みがない末期ガンの患者などにも、延命治療を行っていた。そのため、患者は病院のベッドの上で、生命維持装置を取りつけられ、薬漬けで意識がもうろうとなりながら、死を迎えるしかなかった。しかし、これが本当に人間らしい死の迎え方なのかという疑問を抱く人が増えてきた。そのため今は、患者があらかじめ意思を示しておけば、無駄な延命治療を行わず、自宅で家族と過ごしながら死を迎えることも可能になっている。

合格フレーズ43
「西洋医学だけが医学ではない。伝統的な医学のよさを見直すべきだ」（代替医療）

医学といえば、近代西洋で発達した科学的な方法に基づく医学のことだと誰もが思う。しかし、たとえば、中国では昔から独自の医学が発達していた。日本もまた昔から中国医学を取り入れてきた。今でも、漢方薬が使われているのはそのためだ。なお、西洋医学に基づく医療に代わるような、漢方などの医療を「代替医療」と呼ぶことがある。

西洋医学は、人がどのようにして病気になるかというメカニズムについては、科学的に解明してきた。そのため、医療も、病気についての科学的な知見に基づいて行われている。しかし、西洋医学は、人間の体がもつ治癒力を高めるといったことについては目を向けてこなかった。一方、中国医学などは、そうした治癒力を高めることのほうに重きをおいている。そして、今の医療では、そうした伝統的な医学と西洋医学をうまく組み合わせて病気を治そうという動きも出てきている。

合格フレーズ44 「今後もっとも期待されるのは、再生医療だ」

二〇一二年に山中伸弥教授がノーベル賞をとって以来、iPS細胞（人工多能性幹細胞）が注目を集めている。幹細胞とは、どんな体のどんな組織や臓器にもなることのできる細胞のことで、従来は受精卵から取り出すことができた。一方、iPS細胞は体の細胞に数種類の遺伝子を入れることにより人工的に作り出される。このiPS細胞は、京都大学の山中伸弥教授を中心とするグループが二〇〇六年に世界で初めてつくり出すことに成功した。

iPS細胞が実用化されれば、臓器などを患者自身の細胞からつくることができ、今行われている臓器移植を行う必要がなくなる。臓器移植の必要な患者は、臓器提供を待たなくてすむようになる。また、老化した骨や血管を再生させたり、脳細胞を再生させたりすることもできるようになるだろう。あるいは、歯も再生できるようになれば、入れ歯などが必要なくなるかもしれない。

実用化にはまだまだ長い時間がかかるだろうが、再生医療が現実のものとなれば、人間は今よりもっと長く生きられるようになるかもしれない。

合格フレーズ45 「臓器移植は、人体を社会的な資源と見なすことにつながる」

二十年ほど前から、日本でも、臓器移植が公に行われるようになった。臓器提供の意思表示をした人（ドナー）が、事故などにより脳死状態（心臓は動いているが、脳が死んだ状態）になった場合、心臓や肝臓などの臓器が取り出されて、移植が必要な患者に提供されるようになったのだ。当時、脳死を人の死と見なしてよいのかという議論が盛んに行われたが、現在では国民の多くは、脳死を人の死として受け入れているようだ。脳死を人の死とすることで、臓器の疾患に苦しんでいる人たちを少しでも助けることになるのであれば、そのほうがよいと国民は判断したのだろう。臓器移植という技術が確立されているのに、それが日本国内で行えないことで多くの患者が命を落としかねない、そうした状況を改善することのほうが重要だったのだ。

ただ、臓器移植は、人体を社会的な資源と見なすことにつながる。自分の体は自分のものではなく、社会のものであって、もし脳死になったら、臓器を喜んで提供しなければならない。そう考えるのが当たり前になっていくだろう。

それに、臓器が取り換え可能な部品となったのだから、自分の臓器を売ろうという人も出てくるだろう。腎臓は二つあるので、そのうちの一つを売るという臓器売買が闇で行われる危険性がある。実際、生活に困って腎臓を売る人が後を絶たない国もあるようだ。まさか心臓までは売らないだろうが、しかし、大金を積まれたら、家族のためだと思って、心臓を売ってしまう人がいないとも限らない。あるいは、人を誘拐してその臓器を売って儲けようという悪人も出てくるかもしれないのである。

合格フレーズ46 「出生前診断は、命の選別につながる」

「出生前診断」とは、胎児の段階で、その子にダウン症候群などの先天異常がないかどうかを調べるものである。日本の病院では、通常、羊水検査という形で行われている。これは子宮の中の羊水を採取して、そのなかに含まれる胎児の細胞の遺伝子を調べ、異常がないか検査するものだ。この検査は義務ではないが、特に高齢出産だと、胎児の染色体に異常のある確率が高くなるので、検査を勧める産科が多い。また、検査によって胎児に先天異常が見つかっても、産むか産まないかは、もちろん本人の意思に任される。それに、この検査を行ったことで流産してしまう危険性も決してゼロではない。

ところで、こうした「出生前診断」には、命の選別だという批判がある。たとえ先天異常があっても、生命は生命なのだから、先天異常のある胎児にも生きる権利がある。それなのに、異常が見つかったからといって、産まないことにしたら、生命に優劣をつけて、劣った生命を抹殺するのと同じことだ。こうした理由から、「出生前診断」に反対している人たちもいる。

なお、このように優れた生命だけを残していくべきだという考え方を、優生思想という。これは実は危険な思想であって、ナチスドイツはこの思想に基づいて、身体障害者や同性愛者を虐殺した。「出生前診断」も、これと同じ優生思想につながりかねない。実際に、ダウン症の人たちへの差別を助長しかねないのである。

合格フレーズ47 「生殖医療は、生命操作である」

一九七八年、イギリスで、世界初の試験管ベビーが誕生した。正確にいうと、体外受精による赤ちゃんが世界で初めて誕生したのだ。体外受精とは、卵子と精子を取り出して受精卵を人工的につくり、それを子宮に戻して妊娠させるという、生殖（補助）医療の一つである。

世界初の試験管ベビーが生まれた当時は、医療技術もそこまで進歩したのかという驚きの反応が多かったが、その一方で、生命操作だという批判もあった。特にキリスト教的な倫理観からすると、人工的に生命をつくるというのは、自然の摂理に反するものであり、神への冒瀆《ぼうとく》に等しい。だから、今でもバチカンは、生殖医療を認めてはいない。

なお、日本では、生殖医療は生命操作だという批判は、あまり耳にしない。それだけ倫理的な抵抗感が薄いのだろう。それよりも、不妊に悩む夫婦を救うことになる生殖医療のさらなる進歩を、多くの人が望んでいるのではないだろうか。また、生殖医療は今のところ保険の適用外だが、多くの自治体が補助金を出しているようなので、少子化対策の一つと捉えられてもいるようである。

これだけは覚えておきたいキーワード

☑ インフォームド・コンセント

「説明と同意」と訳すことのできる、医療行為の原則のこと。医師は患者に、どのような医療行為を行うかを説明し、患者本人の同意を得なければならないというものだ。かつての医療現場では、医師は患者に行う治療の効果とリスクを、患者側に説明しないことが多かった。しかし、近年、医師は治療の効果とリスクを患者にきちんと説明して同意を得ることが義務づけられている。

☑ 尊厳死

医療技術の発達により、生命維持装置や薬などを使って、助かる見込みのない患者の命をある程度引き伸ばすことができるようになった。こうした治療のことを「延命治療」という。ただし、延命治療によって、ただ生かされているだけになることは、患者本人の人間としての尊厳を傷つけることになりかねない。そのため、患者は自己の尊厳を保つために、延命治療を拒否することができる。このような死の迎え方が、「尊厳死」である。

☑ リビング・ウィル

助かる可能性がないのに行われる無意味な延命治療を患者本人が拒否する場合、あらかじめその意思を示しておく必要がある。この意思表示のことを「リビング・ウィル」という。延命治療を行うかどうかを決める段階では、患者の意識が失われていることがあるので、それよりも前に意思表示をしておかないといけない。

☑ 安楽死

末期ガンなどの患者が、苦痛に耐えられず、自ら死を望むことがある。こうしたときに、医師が薬などを使って患者の望みに応じることがある。このように、医師が死を望む患者を安らかに死なせてあげることを「安楽死」という。オランダやベルギーなどの一部の国では安楽死が法的に認められているが、日本では違法であり、安楽死を行った医師は自殺幇助《ほうじょ》や殺人罪に問われる。

ターミナルケア

終末期医療と看護のこと。終末期医療とは、末期ガンの患者などに対して延命的な治療を行わず、苦痛を和らげる（緩和医療）などして、極力通常の生活が送れるようにするもの。なお、ターミナルケアを行う施設のことを、「ホスピス」という。

クオリティ・オブ・ライフ（QOL）

「生活の質」という意味。どれだけ人間らしい生活を送ることができるか、幸福感を感じられているかによって、「生活の質」が決まってくる。これは一般の健康な人にも使われる言葉だが、特に医療の分野では、患者が人間らしい生活を送れるかどうかを表す用語になっている。患者は重病になると、治療が肉体的・精神的な負担になって、人間らしい生活を送ることが困難になってしまう。こうした状態を「QOLが低下する」という。そのため今の医療には、患者のQOLを維持したり、向上させたりする対応も求められている。

遺伝子医療

遺伝子診断と遺伝子治療に分けられる。遺伝子診断とは、遺伝子を検査して、遺伝子の異常が原因となって起きる病気があるかどうか、もしくは今後発症するリスクがどれだけあるかなどを診断するもの。一方、遺伝子治療とは、異常の見つかった遺伝子を修復したりする治療のこと。

☑ 代理母出産

代理母とは、生まれつき子宮がない女性や、ガンなどで子宮を取らざるを得なかった女性が、他の女性に子どもを産んでもらうこと。夫婦の卵子と精子を体外受精させて、それを他の女性の子宮に入れ、妊娠・出産してもらうことになる。日本では、代理母出産を禁止する法律はないものの、病院は自主規制しているので、原則として実施されていない。日本では、今の法律だと、代理母出産で生まれた子どもは、その産んだ女性の子どもと見なされるため、遺伝上の両親はその子どもを養子にしないといけない。

合格フレーズを使った小論文の例

日本の医療では、回復の見込みのない患者に対して、いわゆる延命治療が行われている。

では、この延命治療は本当に好ましいのだろうか。

確かに、延命治療を否定すべきでないという意見もあろう。医学・医療は病気を治し、人の命をできるだけ長く延ばすために発達してきた。延命治療もその一つなので、それを否定してしまったら、医学・医療の意義が薄れてしまいかねない。また、医師も、回復する見込みがないとなったら、早々と治療を中止するようになってしまいかねない。

しかし、それでも、延命治療を強制すべきではないのである。

どのように死を迎えるかは、患者本人が自己決定すべきである。患者のなかには、延命治療を望まない人もいるだろう。病院のベッドで、生命維持装置を取りつけられ、薬漬けで意識がもうろうとなりながら死を迎えるのは、人間らしい死の迎え方だとは言えないからだ。そのため、自宅で家族に看取られながら死にたいと思う人も多いはずである。機械によってできるだけ長く生かされるよりも、自然な形で息を引き取るほうが、患者の尊厳が守られるのである。

したがって、延命治療は好ましいとは言えない。患者本人や家族が望むのであれば、延命治療を行わないようにすべきである。

テーマ8 情報化

「情報化」とは、パソコンの普及やインターネットの整備などにより、情報が価値を持つようになることだ。情報が価値を持つというのは、つまり、商品と同じように、情報がお金を生むということである。そして、この情報化が進行している社会のことを「情報化社会」という。なお、日本の場合、すでにある程度の情報化が達成されているので、「情報化社会」と区別して、「情報社会」と呼ぶこともある。

それにしても、情報技術の進歩には、目を見張るものがある。今は、いわゆるスマートフォン一台あれば、パソコンを持ち歩くのとそれほど変わらなくなってきた。いつでもどこでもインターネットに接続できるので、人によっては片時も手放せなくなっている。また、ツイッターやフェイスブックなどのソーシャル・ネットワーキング・サービス（SNS）を利用する人が世界的に増加し、人と人との新たなネットワークを生み出している。あるいは、ユーチューブなどの動画サイトも人気となっている。

このように、現状だけを見ると、情報化がどんどん進んでいるようだけれども、情報化の問題点はそれほど大きく変わってはいない。だから、情報化の基本的な問題点を知っておけば、最新の事柄についても、批判的に検討することができるはずである。

そのまま使える合格フレーズ

合格フレーズ48 「情報技術の発達は、社会の効率化をもたらす」

情報技術（インフォメーション・テクノロジー、略してＩＴ）とは、情報を処理する技術（パソコンなど）と、情報をやりとりする技術（インターネットなど）を組み合わせたもので、「情報通信技術（インフォメーション・アンド・コミュニケーション・テクノロジー、略してＩＣＴ）」ということもある。

この技術の進歩により、社会の効率化が進んでいる。たとえば、会社内でなにか伝達事項を社員に伝えるのに、昔は文書をいちいち回したりしていた。しかし、今は社内メールで一斉送信すれば、社員全員に伝わることになる。このように、情報技術は、時間と労力を節約することに役立っている。

この情報技術が社会全体に行き渡れば、それだけ効率のよい社会になる。たとえば仕事面では、毎日会社に出勤しなくても、自宅でパソコンを使って仕事ができるようになるだろう(テレワーク)。そうなれば、出勤にかかる時間を別のことに使うことができる。あるいは、子育て中の女性も、空いた時間に自宅でパソコンを使って働くことができる。子育てと仕事の両立を可能にしてくれるのだ。

合格フレーズ49 「情報技術の発達により、私たちの生活はますます便利になる」

現在、インターネット上で買い物をしたり、飛行機の座席やホテルの予約をしたりといったことが当たり前になっている。また、今はいちいちCDを買わなくても、オンラインで好きな曲をダウンロードして聴くことができる。あるいは、電子マネーが使われるようになってきているし、電子書籍も普及の兆しを見せている。

今後ももっと様々なところで情報技術が使われるようになるだろう。たとえば、病院で診察を受けるのに、ネット上で予約するシステムが普及すれば、病院で長時間待たされることがなくなるだろう。また、高速道路で、自動車の自動走行ができるようになれば、渋滞が起こりにくくなるだろう。あるいは、インターネットを使った遠隔操作によって、医師が遠く離れたところから手術を行うこともできるようになるだろう。

このように、情報技術により、私たちの生活はますます便利になっていくと予想される。

合格フレーズ50 「インターネットの発達は、世界を小さくした」

インターネットは、世界中をネットワークで結んでいる。だから、インターネットをうまく活用すれば、世界のどこに住んでいても、世界を相手に活動することができる。たとえば、日本には、独自の技術をもっている中小企業がけっこう多い。そうした技術を、インターネットを使って世界中にアピールしていけば、もっとグローバルに事業を展開していくことができるだろう。

ただ、そうした場合に、障害となるのが言葉である。日本語しか使えないのでは、世界に向けて発信することができない。どうしても国内向けの宣伝だけになってしまう。英語で発信できるようになれば、中小企業であっても、世界中に販路を拡大していくことが可能になるだろう。そうなれば、もちろん、日本経済が活性化されるはずだ。

合格フレーズ51 「SNS(フェイスブック、ライン、インスタグラムなど)は、人と人の新たなネットワークを作り出す」

SNSとは、ソーシャル・ネットワーキング・サービスの略で、人と人のつながりを提供するサービスのこと。中東の民主化運動や香港の中国政府に対するデモ活動などでも、フェイスブックなどのSNSが大規模デモやストライキの告知に使われたことはよく知られている。災害などで電話やメールが使えなくなったときにも、SNSが使用可能だったこともあって、今では多くの人が使用している。

これまでのインターネットでは、不特定多数の間で、匿名で情報交換が行われていた。一方、SNSは登録制となっているため、登録者がコミュニティをつくり、互いに誰なのかが分かった上で、なんらかの告知をしたり、個人の日記や写真を公開したりなど、様々な情報交換を行っている。これによって、メールや電話よりも迅速に、多くの人に向けて情報を発信でき、有益な情報を伝え、自分の意見や感想、自分の生活について多くの人に伝えることができる。

ところで、もうひとつ、SNSの大きな役割がある。それは現実とは別のネットワークを作ることだ。

現実の人間関係では、人はそれほど多くのネットワークを持つことができない。たとえば高校生の場合、学校のネットワークと塾などの習い事のネットワークくらいだろう。だが、SNSを用いれば数多くのネットワークを持つことができる。複数のグループを作って、別のキャラクターとして発信することもできる。その中で新たな人間関係を打ち立てることができる。

人間は一つのネットワークの中でだけ生きていると、どうしても人間関係が固定し、一つの役割しか持てなくなる。時にいじめにあったり、苦しい思いをしたりする。だが、SNSによってまるで俳優が様々な役を演じることができるように、だれもが複数の自分を生きることができるようになる。現実世界とは別の世界を生きることができる。現実世界でいじめられていても、そこから抜け出すことができる。

もちろん、そこに危険がある。SNSによって犯罪に誘い込まれることも考えられる。子どもが大人に騙されるという事件も後を絶たない。また、安易に複数のネットワークを築くと、むしろ自分が分裂し、収拾がつかなくなる。だが、そのような魅力があるから、多くの人がＳＮＳを利用し、あれこれを発信する。それが自己の解放につながっている。それが一つの社会を作っている。

合格フレーズ52 「現代人は膨大な情報に振り回されている」

情報社会では、インターネットを通じて様々な情報を手に入れることができて、一見便利そうではある。しかし、実際には情報の量が多すぎて、本当に必要な情報を吟味することが難しい。そのため、かえって膨大な情報に振り回されて、情報の検索に無駄な時間を費やしてしまいかねない。

また、グーグルのような検索エンジンに頼って情報を集めると、自分で情報を選択しているようでいて、実はグーグルが選んだ情報ばかりを集めることになってしまう。つまり、情報を選択させられていることになり、いつのまにか偏った情報や考え方を刷りこまれている危険性もある。

合格フレーズ53 「インターネット上の情報は、信ぴょう性が低い」

インターネット上にある情報が本当なのかウソなのかを見分けるのは、なかなか難しい。たとえば、新型コロナウイルスが問題になったときにも、ウソの情報がツイッターで流されたり、いわゆるチェーンメールで多くの人たちに送信されたりした。大震災の直後ともなると、マスコミの報道だけでは情報がどうしても不足しがちだ。そんなときに、もっともらしい情報がインターネットを通じて流されると、だれもが信じてしまう。マスコミの情報がすべて真実だというわけではないが、しかし、インターネット上で個人が流している情報に比べたら、信頼がおけるだろう。インターネット上に、ウソの情報があまりにも多くなったら、インターネットそのものの信用度が低下してしまう。何が真実で何がウソかわからない不確定な社会になってしまう。それは大変危険なことだ。

合格フレーズ54 「インターネットも、公共のメディアである」

電子メールは、手紙や電話と同じで、送り手と受け手が見るだけなので、私的な通信だと言ってよいだろう。しかし、ブログやツイッターなどでの書き込みは、不特定多数の人が見るので、私的な通信だとは言えなくなる。このように、不特定多数の人たちに向けて情報を送るのであれば、インターネットは公共のメディアとなる。つまり、テレビやラジオとその点では同じになる。テレビやラジオは公共の電波を使っているので、放送内容にモラルが求められる。これと同じように、インターネット上でも、情報を発信する側には、発信する内容にそれなりのモラルが求められてしかるべきだろう。

しかし、実際には、ウソの情報や、他人を傷つける内容のものが流されていたりもする。あるいは、ツイッターで自分の会社の機密情報をうっかり流してしまったというケースもある。悪意はなくても、公共のメディアだという意識が薄いと、そうしたミスにつながってしまうのである。

合格フレーズ55 「情報社会は、監視社会になる恐れがある」

今は日本でも、至るところに監視カメラがついている。ある場所で、なにか犯罪が起きると、犯人の手がかりを探すために、警察は必ず周辺の監視カメラに不審者が映っていないかどうかを調べる。繁華街には、防犯のためと称して、あちこちに監視カメラが設置してある。監視カメラには確かに防犯効果があるけれども、しかし、犯罪とは無関係な一般市民も映像にとられ、いつどこにいたかが記録に残ってしまう。これは、監視されているのと同じではないだろうか。公共の場とはいえ、勝手に映像にとられてしまうのは、プライバシーの侵害だと言うこともできるだろう。情報化がさらに進むと、本人の知らぬ間に、いつどこでなにをしていたのかがすべてデータとして残っているような社会になりかねない。

もちろん、問題なのは、監視カメラだけではない。ツイッターも国民自身による監視という面がある。スポーツ店の店員やホテルマンが客として訪れた有名人についてツイッターで発言したり、スポーツ選手の言動をツイッターで報告して問題になったことがあった。ツイッターのために、多くの人が誰かに見られ、それを報告されて、プライバシーを侵害されている。人の発信に対して待ちかまえていたように非難したり中傷したりするのも監視と言えるだろう。そして、人々はそのような恐れを抱きながら、自由に振る舞うことができなくなりつつある。

このように、情報社会によって便利になった反面、監視され、自由を失い、プライバシーの侵害におびえる状況が起こっていると言えるだろう。

合格フレーズ56 「インターネットの最大の問題は、個人情報の流出だ」

インターネットというと、まず問題にされるのは、個人情報の流出だ。インターネット上で買い物をするときなどに、氏名、性別、年齢、住所、電話番号などの情報を入力しなくてはならないし、クレジットカードで代金を払うのであれば、その番号も入力しなくてはならない。もし、そうした情報がその会社から漏れたら、なんらかの被害が出ることもある。

また、コンピュータウイルスによって、個人のパソコンから、様々なデータを盗んでいくケースもある。こうなると、自分の個人情報だけでなく、自分の友人などの個人情報までも流出してしまう。

ただ、ウイルスについては、ウイルス対策用のソフトをパソコンに入れておけば、ほぼ防ぐことができる。最も怖いのは、悪意ある人物が勝手に他人の個人情報を流してしまう場合だ。こうなったら、個人のプライバシーが果てしなく侵害されてしまいかねない。

合格フレーズ57

「情報社会では、情報格差が貧富の差を生む」

情報格差（デジタル・デバイド）も、大きな問題である。

情報格差は、第一に、パソコンや携帯電話などを上手く使いこなしている人と、そうでない人との間で生じる。情報社会では、情報技術についてよく知っており、より多くの情報を入手できる人のほうが有利になる。そのため、情報格差は、貧富の差につながりかねない。

第二に、同じ国のなかでも、情報インフラ（光ファイバー回線など）が整備されている地域とそうでない地域で情報格差が生じる。幸い、日本は情報インフラの整備が進んでいる国なので、地域間での情報格差は小さい。しかし、他の国では都市部でしか情報インフラの整備がされていなかったりする。これが地域間での貧富の差を生んでしまっている。

第三に、情報インフラの整備がされている国と、そうでない国との間で情報格差が生じてしまう。これはそのまま、国際的な貧富の差につながっている。先進国や新興国などでは、情報インフラの整備が進んでいるが、貧しい国はそうではない。そうなると、貧しい国はさらに貧しくなっていってしまう。だが、そうした国でも、情報インフラを整備していけば、経済発展していく可能性が出てくる。インターネットが使えないと、先進国の企業はその国に進出しにくいが、インターネットが使えさえすれば、先進国の企業が進出しやすくなるからだ。

これだけは覚えておきたいキーワード

☑ AI

人工知能（artificial intelligence）。人間が行っているような思考や判断を行うソフトウェアのことを言う。人間のプログラム通りに動くこれまでのコンピュータと異なって、自分で考え、自分で学習していくことができる。そのため、時間を追うごとにデータを増やし、判断力を伸ばして、多くの領域で人間の能力を超えることが予想される。近い将来、人間の仕事を奪って、すべてAIが仕事をするようになるのではないか、時に人間に危害を加えるようになるのではないかと懸念されている。AIとの共存の方法を考える時期に来ている。

☑ スマートシティ

都市全体をコンピュータ制御し、ＡＩを用いて様々な予測をして、エネルギーや資源の無駄をなくし、道路の渋滞をなくし、経済を活発化させて、人々が快適に過ごせるようにする構想を言う。しかし、都市を円滑に動かすには、住民の傾向や好み、要望などを把握しておく必要がある。つまり、スマートシティは人間の監視に結びつく恐れがある。スマートシティというスマートな言葉では済まない危険性をこの計画がはらんでいることは間違いない。

☑ 個人情報

氏名・住所・性別・年齢・電話番号・メールアドレスなど、特定の個人に関する情報のこと。情報社会では、パソコンがいつもネットに接続された状態にあるせいで、ハッキングやコンピュータウイルスなどによって、個人情報が流出してしまう危険性が常にある。個人情報が盗まれると、身に覚えのない高額な金銭を請求されたり、公開されたくない情報をネット上に流されたりといった問題が起こりかねない。

メディア・リテラシー

メディアの流す情報が本当かウソかを判断し、その情報が有用かどうかを評価する能力のこと。情報の受け手は、新聞や雑誌、テレビやラジオといった従来のメディアの情報はもちろん、インターネット上の情報についても、適切に評価する必要がある。そうしないと、ウソの情報を鵜呑みにしてしまうからだ。

情報操作

情報の発信者が、発信する情報（発言、写真、映像など）に意図的に手を加えて、その情報を受け取った者が受ける印象や判断を思い通りにコントロールしようとすること。たとえば、ある政治家が記者会見のなかで、記者の質問に対して憤慨した表情を一時的にしたとして、その表情だけをテレビで何度も流せば、その政治家の印象は悪くなるかもしれない。これが、この政治家を貶《おとし》めようという意図で行われれば、情報操作に当たる。情報操作の手法はたくさんあるが、受信者はそうした手法を知らずにいると、まんまと騙されてしまうことがある。なお、情報操作そのものは必ずしも違法ではない。

サイバーテロ

インターネットを通じて、コンピュータそのものや、その中のデータなどに対して行う破壊活動のこと。たとえば、社会の混乱を狙ってコンピュータウイルスをばら撒《ま》いたり、公共機関のコンピュータに侵入して重要なデータを消去したり書き換えたりするものだ。あるいは、ある企業に大きな損害を与えるために、その企業のコンピュータに不正アクセスして、顧客の個人情報を大量に盗んだりするのも、これに当たる。

合格フレーズを使った小論文の例

ＳＮＳ使用が若者だけでなく、全世代に広まっている。ほとんどの世代の日本人が何らかの形でＳＮＳに加わり、受信や発信をしているだろう。ＳＮＳを用いて自分の生活を知らせ、意見を語り、社会情報を知らせる。あるいはそれらを受信して生活に役立てたり楽しんだりする。だが、ＳＮＳは社会的に有益だといえるのだろうか。

確かに、ＳＮＳを用いて情報を交換し、様々な楽しみを行うのは好ましい。ＳＮＳによって身近な情報を得ることができる。近隣の病院についての情報をＳＮＳで知らせあったり、災害時の情報を伝えたりできる。窮屈な現実の自分を解き放して、世界中の人とつながることができるのである。しかし、そうであるがゆえにむしろＳＮＳが社会を危険にしていることも事実である。

情報社会は監視社会になる恐れがある。ＳＮＳはまさに監視の手段になりうる。有名人の行動をＳＮＳで発信して、その人の秘密を暴露する事件があった。その人は有名人を監視していることになる。それだけではない。有名人でなくても、誰かの写真をアップしたり、行動について情報を発信することは、その人を監視していることにつながる。自分の行動を知らせるのも、自ら監視を求めているに等しい。そればかりか、誰かが何かを発信すると、多くの人がそれに反応して、時に反論したり、中傷したりする。誰かが失言すると、みんながそれをＳＮＳで攻撃する。まさに誰もが監視をして、ルール違反をした人、自分と反対意見の人を見つけてそれを告発しているのである。そうなると、このままではＳＮＳという監視にがんじがらめにして、日本人は自由を失いかねない。

以上述べた通り、ＳＮＳは社会にとって有害である面が大きいと私は考える。

テーマ9

持続可能な社会

持続可能な社会について言われるようになってかなりの時間がたつ。

現在、人類は地球上の資源を用い、そこからエネルギーを得て生命を維持している。だが、このまま資源を用いると、近い将来、地球は動物の棲めない惑星になるかもしれない。その前に、エネルギーが枯渇して人類は石器時代のような暮らしに戻ることになるかもしれない。そうならないように、資源を有効に使い、現代人の子孫にあたる未来人も持続的に地球の資源を使えるように考える必要がある。

二〇一五年に国連サミットで採択され、国連加盟一九三カ国が二〇一六年から二〇三〇年の一五年間で達成するために持続可能な社会を実現するための一七の目標を設定した。それをＳＤＧｓ（Sustainable Development Goals：持続可能な開発目標。エス・ディー・ジーズと発音される）と呼ぶ。国連が率先して持続可能な社会建設に立ち上がったといえるだろう。

これから国際社会がこれまで以上に持続可能な社会の実現に向けて努力を重ねることになる。小論文問題でもこれらを取り上げられるだろう。

そのまま使える合格フレーズ

合格フレーズ58

「持続可能な社会の実現のためには、貧困の撲滅をめざすことが必要である」

前にも説明した通り、ＳＤＧｓには持続可能にするための一七の目標が挙げられている。その目標とは以下のようなものだ。

①貧困の撲滅
②飢餓撲滅、食料安全保障
③健康・福祉
④万人への質の高い教育、生涯学習
⑤ジェンダー平等
⑥水・衛生の利用可能性

⑦エネルギーへのアクセス
⑧包摂的で持続可能な経済成長、雇用
⑨強靭なインフラ、産業化・イノベーション
⑩国内と国家間の不平等の是正
⑪持続可能な都市
⑫持続可能な消費と生産
⑬気候変動への対処
⑭海洋と海洋資源の保全・持続可能な利用
⑮陸域生態系、森林管理、砂漠化への対処、生物多様性
⑯平和で包摂的な社会の促進
⑰実施手段の強化と持続可能な開発のためのグローバル・パートナーシップの活性化

これらの目標のうち、直接的に環境問題にかかわるのは、⑥・⑦・⑪・⑫・⑬・⑭・⑮くらいだが、もちろんそれ以外のものも持続可能な社会とかかわっている。

たとえば、貧困については、多くの人が貧困であるから自然を破壊し、人口爆発を起こ

して、結果的に地球を壊す。貧困であるから、戦争が起こり、それが環境破壊に結び付く。それが飢餓にもつながり、土地が荒れることもある。

また、国家間に不平等があるから、国家ぐるみでの環境破壊が行われたり、戦争が起こったりする。あるいは、地球環境が破壊されているので、特に女性や弱者に影響が及んだりする。これらのことがすべてつながっている。

この一七の目標は持続可能な社会の実現を環境面に限定することなく、社会全体の問題として捉えたところに画期的なものがある。国連を中心として国際社会全体でこのような包括的な取り組みをすることを決定したと考えてよいだろう。

つまり、持続的な社会をつくるためには、エネルギー開発や資源の節約などについてだけ考えても効果が十分に上がらない。社会を支え、社会全体が健康で堅実であってこそ、持続可能な社会が実現することを認識するべきなのだ。

合格フレーズ59
「地球温暖化は、人間が科学技術文明を高度に発達させたツケである」

一八世紀から西洋で起きた産業革命以降、人間は石炭や石油などの化石燃料を使って、科学技術文明を発達させてきた。たとえば、船の場合、かつては風力や人力で動かしていたが、科学技術の進歩により、石炭や石油などを使って動かすようになった。そのほか、自動車や飛行機も、石油などを使って動かしている。また、科学技術文明では、電気が欠かせないものとなっている。もし電気が止まってしまったら、工場が動かなくなってしまうし、電車も動かない。また、私たちの家のなかでも、洗濯機や冷蔵庫などが使えなくなるし、テレビも見られなくなる。そして、この電気をつくるのにも、もちろん石油や石炭などが使われている。このように、石油や石炭などの化石燃料に大きく依存してきたのが、これまでの科学技術文明である。

しかし、化石燃料を燃やすと、二酸化炭素が出てしまう。二酸化炭素は温室効果ガスの一つであり、大気中の二酸化炭素の濃度が上がると、地表に降り注ぐ太陽光の熱が再び宇宙に放出されにくくなる。そのため、温室のなかのように、地球の気温が上がっていってしまう。つまり、こうした地球温暖化は、人間が科学技術文明を発達させるために、化石燃料をどんどん燃やしてきたツケなのだ。

合格フレーズ60

「原子力発電は万が一事故が起きたら、人体への影響や経済的な損失は計り知れない」

原子力発電は二酸化炭素を出さない。そのため、日本でも、もっと原子力発電所を増やして、二酸化炭素の排出を減らそうとしていた。しかし、そんなときに、福島で原子力発電所の事故が起きてしまった。

今回のように、原子力発電所で事故が起きて、放射性物質が大量に放出された場合、周りの環境に大きな被害を与えるし、当然、そこに住む人たちの健康にも何らかの影響が出る。また、そうなると、経済的な損失も大きくなる。まず、土壌が汚染されて、農産物が作れなくなるし、そうなると、牛や豚なども飼育できなくなるだろう。あるいは、放射性物質に川や海が汚染されたら、まず、飲み水が危険になるだろうし、魚介類も食べられなくなるかもしれない。こうしたことを考えるなら、経済的な損失は膨大な数字になる。

それに、事故が起きなくても、原子力発電には大きな問題がある。まず、ウランなどの核燃料を使い切ったあとには、必ず放射性廃棄物が出る。つまり、核のゴミである。このゴミは、数万年という長い期間、放射能を出し続けるため、外に絶対漏れ出さない方法でどこかに捨てないといけない。日本では、地中深くに埋めてしまうという案が検討されているが、その候補地すらまだ決まっていない。また、原子力発電所は寿命が四〇年といわれている。だから、原子力発電所が古くなったら、それを解体して適切に処分しないといけない。そして、この解体のときにも、放射性物質のついたゴミが多量に出る。この廃棄物の処理についても、莫大《ばくだい》なコストがかかるだろう。つまり、原子力発電を始めてしまった以上は、放射能の危険性がいつまでもついて回るのである。

合格フレーズ61
「クリーンエネルギーの比率を徐々に上げて、将来的にクリーンエネルギーを中心に改めていくべきだ」

日本はこれまで、水力、火力、原子力をバランスよく使って電力をまかなってきた。一つに偏ってしまうと、リスクがあるからだ。

だが、近年、日本社会は地球温暖化の原因とされる二酸化炭素の排出を抑えようという方向に進んできた。したがって、二酸化炭素を排出する火力発電は好ましくない。水力発電は二酸化炭素を出さないが、ダムをつくるのに莫大な費用がかかるし、ダムをつくる場所もない。そこで、注目されていたのが原子力だった。原子力発電は、核分裂のときに出る熱によって蒸気を発生させ、それでタービンを回して電気をつくる。だから、二酸化炭素は出ない。二酸化炭素の排出を減らしていくにはもってこいの発電方法だ。ところが、二〇一一年に福島での原発事故が起こり、原子力発電推進の流れが大きく変わった。原子力発電に対する恐怖が日本国民の心の中に植え付けられた。

そこで注目を浴びたのが、クリーンで枯渇しない、太陽光発電や風力発電などの自然エネルギーだった。

ただ、太陽光発電や風力発電などは、クリーンではあるけれど、問題点も多い。一言で言って、今の時点ではあまりに効率が悪くシステムコストが高く、普及するまでにはまだ時間がかかる。

太陽光発電は太陽が出ていないと、できない。夜間は発電できないし、昼間でも天気が悪ければ難しくなる。また、風力発電は、風が吹かないことには電気がつくれない。つまり、どちらも、天気天候頼みであり、電気を安定的につくることができない。だから、発電できるときに発電しておいて、蓄電池に貯めておくなどしないといけないだろう。なお、地熱発電は、地球内部の熱を利用するので、二四時間発電が可能ではある。

これからは、当面は地球温暖化に配慮しながら化石燃料を用い、絶対安全な場所での原子力発電によっておぎないながら、クリーンエネルギーの比率を徐々に上げて、将来的にクリーンエネルギーを中心に改めていくべきだ。

いずれにしても、技術をもっと進歩させて、電気をより効率よくつくれるようにする必要がある。

これだけは覚えておきたいキーワード

☑ 地球温暖化

地球全体が暖まり、地球表面の大気や海水の平均温度が上がることを指す。温暖化が進んでいるのは、石炭や石油や天然ガスといった化石燃料を燃やしたときに出た二酸化炭素の温室効果のせいだと考えられている。

大気や海水の平均温度が数度上がっただけでも、世界中の気候が変化し、それが生態系にも影響してしまう。また、北極圏や南極などの氷が溶け出して、海水面が上昇する危険性がある。

☑ 温室効果

地球は太陽から届く光を浴びているが、ただし、大気があるおかげで太陽光のエネルギーは適度に弱められて地表に届く。また、その熱の一部は再び上がっていって大気圏外に放出される。しかし、人間が化石燃料を大量に燃やした結果、大気中の二酸化炭素の濃度が上がり、その二酸化炭素が大気圏外に放出されるはずの熱を吸収して、地球全体を熱の膜で覆ったような状態になっている。このように二酸化炭素が温室のような状態をつくり出していることを、「温室効果」という。また、二酸化炭素を「温室効果ガス」と呼ぶこともある。なお、メタンも温室効果ガスである。

☑ 再生可能エネルギー

自然界にある力や熱などを利用するので、石油のように枯渇することがないエネルギーのこと。太陽光や太陽熱、風力、地熱、潮力、波力などがそれに当たる。こうしたエネルギーは、二酸化炭素を出さない。「自然エネルギー」や「代替エネルギー」などと呼ばれることもある。

☑ 低炭素社会

二酸化炭素を出す量が少ない社会のこと。地球温暖化対策を推進する上で、スローガンのように使われだした言葉である。低炭素社会を実現するには、エネルギー効率のよい家電製品や電気自動車の普及などが不可欠だろう。原発事故やそれに伴う電力不足の影響などから、日本では社会の低炭素化がさらに進むはずだ。

☑ 生物多様性

地球には、陸上もしくは海洋に実に様々な生物が存在している。そのことを指す言葉として、「生物多様性」という言葉が使われるようになった。環境問題が深刻化するなか、「生物多様性」を保つことが国際的に求められるようになった。また、それぞれの地域の固有種を守る取り組みも、「生物多様性」という観点から積極的に行われるようになっている。

☑ 生物資源

私たちの生活に必要な、食料、衣料、薬などに利用されている生物のことを、「生物資源」

と呼ぶことがある。薬の開発に使われる微生物なども、これに含まれる。代表的な抗生物質であるペニシリンは、青カビから発見された。なお、先進国の企業はかつて、こうした生物資源を途上国から勝手に持ち出して、薬などを開発し、莫大な利益を得たので、今は微生物などを許可なく外国から持ち出すことが難しくなっている。

☑ バイオ燃料

植物やその種などからつくった燃料のこと。トウモロコシやサトウキビなどからつくったエタノールがその代表的なもので、ガソリンに混ぜて使ったりしている。ただ、トウモロコシやサトウキビはそもそも食用なので、燃料として使うようになると、その価格が高騰しかねない。

また、石油とほとんど同じ成分のものを産み出す藻が発見されており、そうした藻を活用することも期待されている。

☑ 惑星主義

地球上のあらゆるものが大事なので、人間が勝手に使うべきではない、動物の命も鉱物も空気も大事にするべきだという考えだ。その考えに基づけば、できるだけ動物を傷つけず、地球を汚さずに暮らしていくべきだということになる。そして、現代に生きる人類のことばかり考えて、地球を無駄遣いすると、そのうち人類も住めない惑星になってしまうという考えを含んでいる。

合格フレーズを使った小論文の例

持続可能な社会の実現のために何ができるかが問われている。あらゆる方法で国際社会がこの問題に取り組むべきだと考える。

確かに、持続可能な社会をつくるためには、環境破壊を抑え、プラスチックなどの環境を破壊する原因となる物質を減らすことが大事である。そうした活動によって、特に先進国から環境に良くない物質を減らすことができ、地球温暖化を遅らせることができるだろう。比較的早い時期にその効果は表れるだろう。しかし、それだけでは抜本的に問題を解決することはできない。

持続可能な社会の実現のためには、貧困の撲滅をめざすことが必要である。現在、および将来にわたって環境が破壊される大きな原因は、とりわけ途上国の貧困である。貧困であるから、困窮した人々は山林を開墾して畑を作って緑を減らす。それが砂漠化につながる。貧しいから人々は子どもをたくさん産んで労働力にしようとする。だから、食料不足に陥り、資源が失われる。貧しい人々が増えるから、社会に不満を持ってテロを起こし、それが戦争につながる。そこでもまた環境破壊が行われる。野原が焼き払われたり、化学兵器が用いられたりする。こうした大きな負の連鎖を食い止めるには、その大もとである途上国の貧困をなくすことをめざすべきである。SDGsにも、持続可能な開発目標にも貧困の撲滅が加えられているのはそのような意味があるのだろう。そのような目標に向けて国際社会が協力することが重要である。

以上述べた通り、持続的な開発を可能にするには、途上国の貧困撲滅に取り組むべきだと私は考える。

テーマ10

コロナ後の世界

二〇一九年の末から世界を揺るがしたのが新型コロナウイルス（COVID-19）だった。初めに中国の武漢で感染が確認され、流行が広まったが、その時期がちょうど中国人が大移動する旧正月（春節）の時期にあたっていたこともあって、世界中に蔓延してしまった。

風邪のような症状で、しかも無症状の人、軽症の人も多いことから、初めは「風邪を少しひどくしたような病気」という認識の人もいたが、感染率が高く、重症化率、死亡率も高いため、本格的な対策が必要だった。

中国では数か月で感染拡大は収まったが、ヨーロッパやアメリカで感染は猛威を振るい、世界各地で大勢の感染者、重傷者、死者を出した。そのため、欧米の各地で医療崩壊が起こり、都市封鎖、市民の外出禁止などの措置が取られ、経済活動は事実上、ほとんど停止する状態にもなった。

二〇二〇年四月、日本でも緊急事態宣言が出され、外出自粛が呼びかけられ、「ステイホーム」（自宅待機）が進められ、「密閉・密集・密接」の「三密」を避けて、「ソーシャル・ディスタンス」をとって生活することが求められた。その結果、一時期、繁華街の人出は通常の一割前後に落ちるところも多かった。

またその間、閉店に追い込まれる店も多く、働き場を失う人も多かったので、政府はすべての日本国民、長期在住の外国人に一律一〇万円の支援金を支給し、企業に対しても様々な支援を行った。

その効果があって、いったんは感染拡大を抑えることができ、病院などの整備もある程度整ったために緊急事態宣言を取り下げ、通常に戻したが、二〇二〇年秋の段階ではまだ感染拡大は収まらず、ますます世界全体に大きな被害を与え続けている。

新型コロナウイルスの感染によって二〇二〇年に予定されていた東京オリンピックは延期されるなど、日本人にとってこの感染の影響は大きかった。経済面でも文化面でも大きな打撃を受けた。これから先、世界中がコロナによって社会のあり方に変化が起こると考えられる。小論文入試でも、コロナ問題、コロナ後の社会のあり方などが問われるだろう。

そのまま使える合格フレーズ

合格フレーズ62

「新型コロナウイルスによってグローバル化の見直しがなされている」

新型コロナウイルスも問題はグローバル化と切り離せない。

感染爆発を起こしたのは、世界がグローバル化したためだった。中国で最初に広まった感染がすぐに世界中に広まった。その後も、ウイルスに感染した人々が飛行機やクルーズ船などで国と国を移動して、感染を広めた。このウイルスは潜伏期間が長く、しかも特に若い人が軽症ですむことが多いので、自分でも気づかないうちに感染を広めてしまうという特徴があった。もし、現在のようにグローバル化していなかったら、これほど短い期間で世界中に蔓延しなかっただろう。

感染拡大後も、グローバル化の影響が大きかった。

現在の経済はグローバル化しているために、一つの国では成り立たない。一つの機械や器具を作るにも、部品を世界の各地から輸入し、輸出して成り立っている。たとえば、自動車でも、世界の各地の部品を使い、各地で組み立て、各地に売っている。外国との交流がストップすると、自動車の製造・販売もストップしてしまう。

自動車だけでなく、マスクやアルコール消毒液などの新型コロナウイルスの感染のさなかに必要なものも輸入できなくなって、多くの人が入手できなくなった。

しかも、新型コロナウイルス蔓延の前には、多くの国が世界の観光客によって経済が潤っていた。日本の場合、中国人観光客が大勢来てくれて多くの観光地のホテルや土産物屋、レストランなどが成り立っていた。ところが、新型コロナウイルスの感染拡大によって観光客は激減した。様々なイベントもなくなって、海外のアーティストも来日できなくなった。多くの人たちが経済的に苦しい状況に陥った。

このような状況のため、グローバル化への見直しが再び起こっている。

ものづくりの海外依存を減らしてこそ、新型コロナウイルスのような非常時に対応できるのではないか。これまでのように必需品までも海外に依存していたら、もしもの場合に対応できない。そのような理由で、様々な製品をすべて海外に依存するのでなく、日本国内にも生産拠点を残す動きが出ている。あまりグローバル化を急がずに、様々なものを国内で賄《まかな》おうという動きも加速している。

これからもグローバル化の流れに変わりはないだろう。しかし、これまでのようなスピードではなく、少しゆっくりとした歩みになるだろう。国内のネットワークで生産しようとする企業も増えてくるだろう。

合格フレーズ63 「新型コロナウイルスのために、テレワークに拍車がかかった」

パソコンなどの機器があれば、わざわざ電車に乗って会社まで通勤しないですむ。パソコンを使って仕事ができる。したがって、IT化が進むにつれて、かなり以前からテレワーク（在宅勤務）がふえていた。だが、人と顔を合わせて仕事をすることを好む傾向が日本人には特に強く、欧米のようにはテレワークは進まなかった。様々な決裁にハンコを使う日本の企業文化も、テレワークの邪魔をしていた。

ところが、新型コロナウイルスが流行し、外出自粛がなされるようになり、多くの企業が活動を制限した。休業にしたところも多かったが、労働日を減らしたり、テレワークを中心にして、出勤日を減らすところも多かった。スムーズにテレワークに移行できたところは業務成績を落とさないですんだ。

こうして、テレワークを行う組織が増えた。多くの人が自宅でパソコンを使って仕事をし、必要に応じてオンライン会議を行うようになった。

そうするうち、多くの人がテレワークに慣れ、自宅でも仕事が成り立つこと、場合によってはテレワークのほうが捗《はかど》ることを知った。

もちろんテレワークに向かない仕事もある。直接、客と対面しなければ成り立たない仕事も多い。数人で話し合ってアイデアを出すときなどは顔を突き合わせるほうが良い。新人と交流したり、意気投合したりするのも、テレワークは向かない。だが、そうしたテレワークの欠点も把握したうえで、仕事のかなりの部分をテレワークで行うことができる。

そうすれば、通勤時間が必要なくなる。都心での大きなスペースも必要なくなる。多くの面で経費節減になり、効率化できる。こうして、新型コロナウイルスが広まったおかげで、それまで停滞していたテレワークが一挙に進んだのだった。

合格フレーズ64

「コロナ後の社会では、監視社会にならないように気を付ける必要がある」

新型コロナウイルスの感染を防止するため、中国や韓国では個人追跡アプリが活用されたことが知られている。アプリが自動的に感染者の足取りをつかみ、どこを訪れ、どのような人と会ったかを把握して、それをもとにウイルスの経路を割り出したといわれる。つまり、アプリによって個人のプライバシーが完全につかまれ、それによって感染予防がなされたのだった。

中国や韓国ほど徹底されたわけではなかったが、日本を含む世界の各国でも、個人追跡アプリが使用された。また、多くの国で感染拡大を防ぐために様々な手段がとられた。そのなかで、「感染拡大を防ぐためであれば、プライバシー侵害のようなことがあってもやむをえない」と考える人が増えたとは言えるだろう。

このままコロナ後の社会になっても、このような風潮が続いたまま人々が監視社会に対する警戒感を緩める恐れがある。新型コロナウイルスとの戦いに勝つことは大事だが、だからといって、これを機会に監視社会が強まったのでは人間にとっていっそう不幸になる。コロナ後の社会が監視社会にならないように気を付ける必要がある。

合格フレーズ65

「三密を避ける文化の定着は日本社会を変える」

新型コロナウイルスが蔓延したため、長い間、世界中で「密閉・密集・密接」の三密が避けられた。ソーシャル・ディスタンスが呼びかけられ、マスクをし、できればアクリル板などを介し、そのうえで距離をとって人と交流することが求められた。

だが、そうなると、人と人が寄り添いながら密着して生きていく日本社会の良さが失われることになる。気を遣いあい、遠慮しあい、集団で生きていくことを重視する日本社会では、どうしても三密になっていた。ところが、それができなくなる。何かといえば顔を合わせて愚痴を言ったり、一緒に飲食を共にしていた文化もすたれることになる。

西洋でも、ハグをしたりキスをしたりする挨拶が新型コロナウイルスのために避けられるようになっている。だから、もちろん日本だけが文化を変えられるわけではない。世界中で同じようなことが起こっている。

これからしばらくの間、日本の人と人が密着した文化は少し下火になるだろう。あまり人と密に付き合わなくなるだろう。そうすると、人間関係までも変えてしまう恐れがある。人間関係がもっとクールになるかもしれない。

合格フレーズ66

「新型コロナウイルスの感染拡大によって経済格差が広がった」

日本社会では、正規労働者と非正規労働者が同じ労働をしても、賃金にかなりの差があった。非正規労働者のほとんどが時間給で働き、社会保障もうけられず、低い賃金に抑えられ、苦しい生活を送っていた。

新型コロナウイルスが流行すると、その傾向がいっそう強まった。感染拡大が前からあった格差をいっそう拡大させ、それが目に見える形にしたともいえるだろう。

正規労働者の多くは、テレワークに切り替えたり、休業しても収入が確保されることが多かった。ところが、非正規労働者は、在宅勤務できないようなサービス業についていたり、毎日職場に行って仕事をしなければ収入を得られない仕組みになっている人が多かった。その人たちのなかには感染の危険性のある中で仕事に出たり、契約を切られて仕事をなくして失業する人も多かった。

行政は新型コロナウイルスの感染拡大と戦いながら、早急に格差拡大を改善する方向に進める必要がある。そうしないと、非正規労働者の多くの生活が破綻し、社会が崩壊してしまう恐れがある。

合格フレーズ67 「新型コロナウイルスが日本社会のIT化の立ち遅れや縦割りの弊害を明るみに出した」

日本の新型コロナウイルス対策が必ずしも悪かったわけではないと思われるが、あちこちで不備があった。コロナウイルスに感染しているかどうかを検査するPCR検査の体制がいつまでも整わなかった。韓国や中国では流行がわかるとすぐに検査体制を整えて、一日に数万件の検査ができていたのに、日本はいつまでも数千件の検査しかできなかった。検査結果の集計も日本では不正確だった。その理由として、手書きでまとめ、それをファックスで送って集計しているために手間取っていることがわかった。国民全員に給付金を送付した時も、準備に時間ばかりかかった。

このような状況からわかったのは、第一に日本社会のIT化の遅れだった。

IT化が遅れているので、コンピュータによるオンライン化ができていない。だから、様々なことに時間がかかる。手書きでファックス通信しているのがその典型だ。機器が不足しているために会社がテレワークに移行できなかったり、学校や生徒の家にパソコンの設備がないためにオンライン授業ができなかったりした。

もう一つ、コロナ禍によって判明した日本の問題点が縦割り行政だった。

縦割り行政というのは、役所ごとに仕事の割り当てがあって、役所と役所の連絡がうまくとれていないことをいう。コロナ問題でも管轄の役所が違っているために情報を共有できずに、すぐに対応できないことが多かった。たとえば、ＰＣＲ検査についても、検査をするための機材は日本国内に十分にあったが、大学などの学校機関に設置されている機材は文科省の管轄、新型コロナウイルス検査を担っていたのは厚生労働省であるため、協力関係が築けなかった。そのため、厚労省が中心になってＰＣＲ検査を増やそうとしており、大学にそのための機器があるのに、管轄が違うために対応できなかったのだった。

これからも新たなウイルスの感染などの問題が起こらないとも限らない。その場合、迅速な対応ができるように、今のうちにＩＴ化と縦割り行政の是正が急がれる。

合格フレーズ68

「過酷な中でも差別や中傷、攻撃のない社会こそが成熟した民度の高い社会である」

新型コロナウイルスが広まっているころ、日本では残念な出来事が起こっていた。最も深刻だったのは、感染者への中傷や差別だった。新型コロナウイルスは誰もが感染する可能性がある。それなのに、感染した人を中傷し、差別的な行動をとって、その人を貶めたり、近づかないようにしたりといった行動が見られた。

医療従事者への差別もあった。新型コロナウイルスと必死になって戦っている人々に対して、その家族を遠ざけたり、その人に近づかなかったり、中傷の電話をしたりする人が続出した。

また「自粛警察」と呼ばれる人々も出現した。マスクをしていない人を見つけたら、激しく罵ったり、県外遠出の自粛が呼びかけられている場合には、県外の車を見つけたら嫌がらせをしたり、事情があって夜も開いている居酒屋などに対して脅迫の貼り紙をしたりする人が見受けられた。

このような中傷や差別や攻撃は、社会を分断させるものであり、暴力や人権侵害を作り出すものであって、許してはならない。このような状況の中においても、一人一人の人権を尊重し、差別しない社会を作っていく必要がある。そのような社会こそが優れた文化を持つ社会だということを認識する必要がある。

これだけは覚えておきたいキーワード

☑ パンデミック

ある感染症の世界的大流行を意味する。新型コロナウイルスについては、WHO（世界保健機関）のテドロス事務局長が二〇二〇年三月に「パンデミック宣言」を行った。これをきっかけに世界中で新型コロナウイルスへの警戒感が高まった。なお、中国で発覚したウイルスだったため、テドロス事務局長が、WHOへの貢献が大きく、また事務局長の母国エチオピアへの援助も多額である中国に対して気を遣ったのが原因で宣言が遅れたのではないかという非難も浴びせられた。

☑ クラスター

クラスター（cluster）とは、「群れ、集団、かたまり」を意味する。新型コロナウイルス感染者の集団や集団感染の意味で用いられた。感染者が判明すると、保健所などがそのクラスターを把握するために、その場にいた人を追跡し、感染者を探し出すことに力を注いだ。それを「クラスターつぶし」と呼んだ。

☑ ソーシャル・ディスタンス

感染を防ぐために人と人との距離を物理的に空けること。日本語に訳すと「社会的距離」となる。英語圏でのこの言葉の使用に基づいて「ソーシャル・ディスタンシング」と呼ばれることもある。二メートル以上隣の人と空けるのが理想だといわれた。

☑ 三密

三密とは、集団感染が発生しやすい三つの条件のことをいう。「換気が悪い空間（密閉空間）」「人が密集している（密集場所）」「近距離で会話や発声が行われる（密接場所）」。これらが危険なので、できるだけ三密の状態を避けることが呼びかけられた。

☑ ロックダウン

都市封鎖を意味する。ヨーロッパの各地でこの方法がとられた。軍隊が出動し、都市を封鎖し、その出入りを基本的に禁じる措置だった。日本でも都市封鎖が行われるのではないかと懸念されたが、「外出自粛」にとどめられた。

☑ PCR検査

新型コロナウイルス感染者を発見するために使われた検査方法。規模の大きな装置が必要で簡単にできるわけではないため、日本では検査体制がなかなか整わず、検査を受けられずに重症化した人も多かったとみられる。縦割り行政などの理由があって、検査が進まなかったことがのちに判明した。

☑ ステイホーム

緊急事態宣言が出されていた間、日本に住む全員に外出自粛が要請されたため、人々は自宅にとどまることを求められた。それを「ステイホーム」と呼んだ。不要不急の仕事でない限りはしばらくの間、自宅でのテレワークに切り替えられた。テレワークのできない業種の会社では休業という措置も取られた。

☑ テレワーク

自宅で仕事をすること。「リモートワーク」と呼ばれることもある。感染が拡大している時期、「ステイホーム」が求められ、接客の必要な仕事以外は、できるだけテレワークにするように呼び掛けられた。自宅での仕事を喜ぶ声もあったが、家族がいる中で仕事をする不自由などを嘆く声も多く聞かれた。テレワークに切り替えたいと思いつつ、秘密保持のために会社外のパソコンを仕事に使えないように決めている企業や決裁にハンコが必要な企業が多く、テレワークが進まない企業も多かった。

合格フレーズを使った小論文の例

私が新型コロナウイルス感染問題が投げかけた問題として重大だと考えるのは、「自粛警察」と呼ばれる一部の人の活動だった。「自粛警察」とは、マスクをしていない人や大声で話をする人を罵ったり、県外ナンバーの車や深夜営業をしている店に嫌がらせの貼り紙をしたりした人々である。

確かに、このような「自粛警察」と呼ばれる活動をする人々の気持ちはわからないでもない。彼らは、マスクをするべきだ、深夜営業をやめるべきなどと強く考え、それに違反することが自分たちを危険にさらすことだと考えたのだろう。そして、反省させようとして、激しく非難したり、貼り紙をしたりしたのだろう。彼らの行為に悪意があったとは考えられない。しかし、私はそのような行動は間違っていると考える。

過酷な中でも差別や中傷、攻撃のない社会こそが成熟した民度の高い社会である。コロナ禍の中でも、一方的に自分と別の価値観の人を攻撃するのではなく、様々な考えを認めるべきである。どうしても危険だと思うのであれば、罵るのではなく、冷静に話をするべきである。このような状況で罵ると、それは分断になり、断絶になり、差別になり、暴力につながってしまう。冷静に新型コロナウイルスに立ち向かうのではなく、社会の内部で亀裂が起きてしまう。こうなると、自分が感染したのではないかと心配な人も、非難されたり罵られたりするのではないかと恐れて隠してしまい、いっそう感染が蔓延することも考えられる。

以上述べた通り、自粛警察と呼ばれる人々の行為がこれから先、行われないような社会をつくっていくべきだと考える。

特別付録

これから出題が予想される 学部系統別 テーマ&キーワード集

人文・文学・外国語系

文学系では、基本的に「文学とは何か」「芸術とは何か」「文化とは何か」といった問題が問われることが多い。コロナ後も、その延長線上で問われるだろう。また、外国語系の学部では、グローバルな世界での日本のあり方などが中心的なテーマになるだろう。

新型コロナウイルス関連の問題は必ず狙われる

新型コロナウイルスの感染爆発は世界に大きな影響を及ぼした。世界中の社会のあり方を根底から変える力さえあったといえるだろう。

小論文には時事的問題はあまり出題されないので、コロナウイルスに対する政策そのものについて小論文入試で問われることはあまりないだろう。しかし、コロナウイルスが社会に与えた影響、コロナ後の社会のあり方については、これからしばらくの間、入試問題でも出題されることは間違いない。

☑ 芸術の役割

「悲惨な人間に芸術や文学は何の役に立つのか」という問題が問われるだろう。これまでも、何か歴史的な危機があるたびに、文学の存在意義が問い直されてきた。大震災後も、ほとんどの文学者は、今後の文学のあり方を問うているはずだ。芸術はしばしば豊かな人の慰みと考えられる。

では、苦しんでいる人には役に立たないのか。むしろ、苦しむ人に生き甲斐を与え、生きる意味を与えるのが芸術などの役割ではないのか。そのような点について考えておくとよい。

☑ 地域の絆

新型コロナウイルス感染が広がっているとき、感染者や医療従事者への差別をする人間が現れたのと同時に、地域の助け合い、医療従事者への支援者も現れた。特に、感染者が多く、重症者も多かったヨーロッパでは、地域の人が助け合い、支え合って、新型コロナウイルスから身を守ろうとした。たとえば、医療従事者がコロナとの戦いのために家にも帰れずにいると、家族の世話ができなくなる。コロナの患者の家族も孤立してしまう。

そのようなとき、地域の人々が家族を支えた。地域の支えがあってこそ、人々は日常生活を支えることができる。そのような意味で、地域社会の助け合いの必要性が改めて注目されている。

☑ 電子書籍

タブレット端末などの普及に伴って、電子書籍も広がり始めている。音楽もCDを買うより、音楽配信サービスからダウンロードするほうが多くなりつつあるが、小説なども、紙の本を買って読むより、ダウンロードして読むほうが、あと数年経てば主流になるかもしれない。こうした書籍の電子化の流れについて考えさせる問題が出る可能性もある。

いくつものマイナス面はあるにせよ、電子書籍によって、あらゆる本が絶版にならず、家の置き場所も心配しないで、いつでもどこでも読めるようになるメリットは大きい。これは、人間の知のあり方としては、大きな転換になるだろう。

推薦図書

『**21世紀における芸術の役割**』（小林康夫編　未来社）

日本の最先端の芸術家や学者が集い、二一世紀の芸術全般について行った講演や討論などを活字にしたもの。随分前に出た本だが、文学系の志望者は読んでおいて損はないだろう。

教育系

教育系でも、教育のあり方を根本的に問うような課題が出されると思っておいたほうがよいだろう。日本の教育は「脱ゆとり」に方向転換したが、しかし、コロナ後の教育現場では、学力偏重ではなく、命の尊さや、みんなで協力することの大切さなどを教えることがもっと重視されていくだろう。

☑ 読解力低下

日本人の読解力の低下が問題になっている。二〇一九年に発表されたOECDの学習到達度調査（PISA）の読解力テストで日本が一五位だったことが日本社会に衝撃を与えたのだった。読解力低下の原因として挙げられるのは読書不足だろう。今の子どもたちはスマホを使ったゲームなどの夢中になって、読書をする習慣が減っている。

朝の読書の時間を設けるなどして、様々な学校で対応しているが、新聞をとる家庭も減少している現在では歯止めをかけるのが難しい。

読解力は文章を読みとるだけでなく、論理的に物事を考えたり、しっかりした日本語を話したり、書いたりする際にも大事な力であるため、教育界では若者の読解力不足に強い危機感を持っている。

創造性

これまでの教育に根本的に欠けていたのは、創造性を育てることだった。覚えさせること、理解させることに重点を置いていたために、創造性は置き去りにされていた。だが、これからの社会では、創造性こそが大事だ。だが、教育で創造性を教えるのは難しい。

答えを覚えてそれを書かせるのではなくて、問題を発見して、それをどう解決するかというようなアイデアを考えるような問題を出したり、アクティブ・ラーニングの方法でグループで話し合ったりするとよいだろう。また、みんなで何かの企画をするといった授業も可能だろう。教員はこれから工夫をして、子どもの創造性を育てる教育を行う必要がある。

教員の働きすぎ

小学校・中学校・高校の先生たちの働きすぎが問題になっている。実際に教えるだけではなく、教科の研究、教育日誌、児童生徒のケア、保護者との連絡、職員会議、部活の顧問などのために毎日学校から帰るのが夜中、翌日には早朝から出勤という先生が大多数だといわれる。過労死が心配されるレベルまで働いている先生も多い。児童生徒のため、教育のためと考えて自分を犠牲にすることが当たり前になっているようだ。

だが、そのような先生の過労は先生自身の労働問題でもあると同時に、教育の質にもかかわることなので、早急に改善の必要がある。教員の人員を増やす、部活に関しては外部の人（競技のプロや経験のある保護者）に依頼する、一クラスの児童生徒数を減らすなどの方法が考えられるだろう。

☑ モンスターペアレント

教師や学校に対して、自分勝手で道理の通らない要求をする親のことである。モンスターペアレントを題材にしたテレビドラマも作られたほどなので、この言葉を知らない者は受験生でも少ないだろう。モンスターペアレントが一人でもいると、教師や学校はその対応に時間をとられ、授業にも支障が出かねない。それなので、教育現場では、とても大きな問題となっている。教師になろうという者は、将来必ず直面するはずの問題なので、教育系の学部では今後も出題されそうである。

☑ 小学校での英語の必修化

二〇一一年度から取り入れられていた、小学校の五年生と六年生の英語の授業が、二〇二〇年度から正式教科になった。小学校で英語を教えることについては、以前から議論があった。子どもを持つ親には賛成の声が多かったようだが、教師のほうは必ずしも英語を教える能力があるわけではないので、反対の声が強かった。また、小学校の間は英語よりも国語のほうが大事ではないかという反論も根強かった。ただし、小学校での英語の必修化はすでに行われていることなので、入試では、その是非よりも、必修化されたことを受けて、今後、どう対処していくべきかが問われるだろう。

推薦図書

『下流志向』（内田樹著　講談社文庫）

なぜ子どもたちは勉強をしなくなり、若者たちは働かなくなったのか。それに答えようという本書は、真面目な教育論ではない分、面白く読める。今どきの（ゆとり世代の）若者について考える上でも、役に立つだろう。

法・政治系

コロナ後の日本社会のあり方について考えさせる課題が出ると思ってまず間違いない。たとえば、ストレートに「コロナ後の働き方改革」について書かせる課題を出すところもあるだろう。だが、それ以外の問題も、コロナによって社会の考え方が変化したことを意識して考える必要がある。

☑ ワーク・ライフ・バランス

仕事と生活のバランスをとっていこうという考え方のことで、最近、日本でも重視され始めている。かつて、日本が経済大国になると、日本人は働きすぎだと欧米から批判された。そのため、週休二日制を導入するなどして、日本人の労働時間も以前よりは短くなった。しかし、今でも実際には残業が多く、長時間労働になっている。そのしわ寄せとして、サラリーマンは家族と過ごす時間が少なくなっている。こうしたことの反省から、もっと効率よく働き、残業をなくして、私生活を大事にしていこうというのが、「ワーク・ライフ・バランス」だ。家族と過ごす時間などを大切にすることが、結局は仕事にもよい影響を与えるからである。

☑ 企業の透明性

かつての企業は、自分たちの利益にかかわるような情報はできるだけ秘密にしようとしてきた。だが、徐々に、できるだけ企業内の情報も秘密をなくし、外に向けて公開しようという考え方になってきた。大企業は社会的責任があり、社会に広く株主も存在するので、マイナス要素も含めてありのままを示してこそ、社会の信頼を得られるという考え方だ。とりわけ、公益事業を行う企業は、そのような態度が求められている。ところが、福島の原発事故後、東京電力は、もっとも国民の生命と健康にとって大事な情報を隠しているのではないかと疑われた。原子力発電所で電気の供給がストップすれば、数時間でメルトダウン（炉心溶融）が起きる。これは、専門家なら誰でも分かっていることだが、東京電力は政府とともに、国民がパニックになるといった理由から、メルトダウンが起きた可能性を伏せていた。公表したのは、事故後、二か月も経ってからである。こうした秘密主義は、日本のすべての組織に当てはまることかもしれない。行政組織や企業は国民の安全や利益よりも、自分たちの組織の保身を優先させがちだ。そのため、自分たちにとって不利になるような情報は隠したがる。企業の透明性が、これからますます求められていくだろう。

☑ 地域社会

同じ地域に住む人たちがつくっている社会のこと。たとえば、ある市のなかには、さらにいくつかの町があり、それぞれが町内会をつくっている。さらにその下に、ご近所同士の寄り合いである「隣組」が今も存在しているところもある。こうした自治組織のある小さな社会を指して「地域社会」と呼ぶことがある。なお、「コミュニティ（共同体）」という言葉も、「地域社会」とだいたい同じ意味で使っていることが多い。

☑ 地域復興

地域復興というと、通常は、災害などで大きな被害を受けた地域をもとの状態にもどすことを意味する。ただし、今は、経済が衰退してしまった地域や、過疎化や高齢化が進んでいる地域などを活性化させるという意味で、この言葉が使われることもある。

なお、山間部や離島には、過疎化や高齢化が進み、子どもや若者がいなくなり、共同体の存続自体が危ぶまれているところがある。こうした地域は「限界集落」と呼ばれ、問題になっている。

☑ 自粛か命令か

二〇二〇年四月、新型コロナウイルスの感染に伴い緊急事態宣言が出された。そして、外出をしないように、遠出をしないように呼び掛けられた。だが、その場合も、欧米諸国のように「外出禁止命令」ではなく、「自粛要請」だった。つまり、「外出するな。外出したら逮捕するぞ」ではなく、「お願いですから、外出しないでください」だった。

日本では、現在の法では政府が命じて国民の権利を制限することはできないようになっている。だが、自粛要請をした場合、要請を聞かずに外出する人を強制的にとどめることができない。そのような人が増えたら、収拾がつかなくなる。幸い、日本人は要請にも素直に応じる人が多かったが、小さなトラブルはあちこちで起こった。

そこで、法律を変えて、日本でも命令ができるようにするべきだという議論が起こった。法に基づいて、政府が一時的に強権を発動しても、それが永続的な独裁になるわけではない。緊急事態の場合、政府が強い命令を出さないと混乱してしまう。民主主義を円滑に運営するためにこそ、そのような強権を発動することが必要だという議論だった。

このような問題についても考えておく必要がある。

☑ 高齢者の運転免許

高齢者の運転が問題になっている。アクセルとブレーキを踏み間違えたり、カーブを曲がれなかったり、標識を見落としたりしての高齢者の運転する車の事故が増えている。

運転をやめられない高齢者の事情もある。免許を失うと生活が成り立たなくなる高齢者も少なくない。過疎地に住む人を中心に、車を運転できないと病院への通院や買い物といった生活に不可欠なことができなくなる人も多い。過疎地では、高齢者だけで暮らしている世帯も多いので、高齢者が若い人に車でどこかにつれていってもらうのも難しい。公共交通機関も整備されていない。人家はまばらなので、歩いて友人の家に行くのも難しい。だから、仕方なしに車を使う。多くの高齢者が実際に事故を起こすまで、自分の運転能力の低下に気づかずに運転する。とりわけ、認知症を患っていると、自分の能力を判断できない。

高齢運転者の事故をなくすために、各地の警察署は運転免許証の更新の際に、様々な講習を義務付け、テストに合格しない人には免許を取り消したり、停止したりできるようにしている。

だが、行政が強制的に免許を取り上げる前に、高齢者が自ら返納を申し出るのが望ましい。現在、多くの高齢ドライバーに自主返納するよう呼びかけている。

☑ 働き方改革

二〇一九年から「働き方改革関連法」が施行された。その目的は「働く人々が個々の事情に応じた多様で柔軟な働き方を自分で選択できるようにする」とされている。人口が減少していく中、労働を減らすことなく、効率化するために作られた法律といってよいだろう。

これには大まかに二つの狙いがあるといってよいだろう。一つは、これまで「モーレツ社員」といわれる、長時間労働をする社員がいたが、それを制限することだ。誰もが時間外労働を原則としてしないように定められた。

もう一つの狙いは、これまで働かなかった主婦層や高齢者などにも働いてもらい、充実した人生を送ってもらうために、様々な人に働きやすい労働環境を作ることだ。つまり、原則として深夜労働などには制限を設けるが、一律に働く時間を決めるのではなく、職種やその人の状況に応じて様々な働き方が認められるようになった。

現在の法律では、まだ問題点も多いと思われるが、多様な働き方が可能になったことの意味は大きい。

☑ 領土問題

ある地域（島が多い）の所有権を、二つ以上の国家が主張し、どの国の領土なのかを争っていることを指して、「領土問題」という。現在でも、領土問題は世界各地にあるが、日本もいくつかの領土問題を抱えている。まず、北方領土問題。日本はロシアに対して、択捉島《えとろふ》、国後島《くなしり》、色丹島《しこたん》、歯舞群島《はぼまい》の返還を今も求めている。次に、竹島問題。竹島は韓国も自国の領土だと主張し、今は韓国が実効支配している。もう一つは、尖閣諸島問題。中国と台湾も領有権を主張している。島の場合、その周りの一二海里も領海になるので、その海底に眠る資源や漁業権もその島を所有する国のものとなる。だから、領土問題をどう決着させるかは、国民の利益にかかわる重大な問題である。

☑ 人口爆発

人口が爆発的に増えること。二〇一九年の世界の人口は約七七億で、このままいくと、二〇五〇年には一〇〇億人を超すと言われている。経済が発展しつつあるアジアやラテンアメリカでは、出生率が下がってきているが、貧しい国の多いアフリカでは出生率がまだまだ高い。このまま世界の人口が増え続けると、貧しい国では、食糧不足のほか、水不足、雇用不足、住宅不足などが常態化してしまう。

推薦図書

『ＳＤＧｓ（持続可能な開発目標）』（蟹江憲史　中公新書）

ＳＤＧｓの一七の目標を複合的にとらえて、それぞれの目標とそのつながりについて詳しく説明されている。コロナ後の世界のあり方も示唆している。法学部系だけでなく、経済系の人、理系の人にも役立つ。

経済・商・経営系

新型コロナウイルスは日本の経済に大打撃をもたらした。これをどう立て直すかは大きな問題だが、あまりに大きな問題すぎて、受験生に問いかけるのは難しい。結局は、従来通り、日本経済をどういう方向に進めるべきか、地域経済の低迷をどのように改善するかが問われることになるだろう。

☑ ベーシックインカム

ベーシックインカムとは、すべての人に最低限の健康で文化的な生活をするための所得を給付するという制度だ。つまり、日本がこの制度を取り入れるとすれば、基本的に日本の国民全員にある程度の金額（たとえば月額一五万円ほど）を付与するわけだ。こうすることによって、貧しくて暮らせない人はいなくなる。もっと良い生活をしたい人や働きがいを求める人は、仕事をする。そうでない人は、付与された金額で暮らす。

かつては非現実的に思われていたこの制度も、ＡＩの発達とともに現実味を帯びてきた。これからＡＩが産業を担うようになると、仕事にあふれる人が増えてくる。ベーシックインカムの制度があれば、そうなっても社会は成り立つ。

生活保護などの様々な社会保障は、手続きが煩雑だが、ベーシックインカムは全員に一律なので役所の手間を省くことができる。この制度ができれば、現在の様々な社会保障はすべてとりやめて、ベーシックインカムに一本化できる。財源確保という大きな問題もあるが、これからは現実の問題として議論されることになるだろう。

☑ プチ旅行・スモールトラベル

新型コロナウイルスの影響で海外旅行には行きにくい状況になっている。遠方の旅行も感染リスクが考えられるなどしてためらわれる。そのような人向けのプチ旅行と呼ばれる近隣旅行が注目されている。プチとはフランス語の「小さい」を意味するｐｅｔｉｔに基づく。英語を用いてスモールトラベルと呼ばれることもある。

これまでのような遠方への旅行ではなく、近くのホテルに泊まって近隣旅行をしたり、自分の住んでいる地域を探索したりするような小さな旅行だ。こうすることによって、遠くからの客ではなく、近くの客を呼び込むことができて、ホテルやレストランなども潤うことができる。観光業者の復活にもつながる。

☑ Ｇｏ Ｔｏ キャンペーン

Ｇｏ Ｔｏ トラベル、Ｇｏ Ｔｏ イートなど、政府が補助金を出して、多くの客が旅行に出かけたり、外食をしたりして地域が活性化するようなキャンペーン。新型コロナウイルスで低迷した経済を活性化する目的で行われ、感染拡大につながることが心配されたが、経済的には一定の効果を上げた。これから先も、激しい低迷があったときにこの方法を使うことができることが確かめられたといえるだろう。

☑ 地域経済

地方経済は疲弊しているといわれる。最も問題視されているのは、地方都市の商店街にシャッターが下りて閉店した店舗が増えて、いわゆる「シャッター街」になっていることだ。郊外に車で行きやすい大型ショッピングセンターができたこと、ネット販売が広まって、店舗に行かなくても買い物ができるようになったことが、その原因だといわれている。

郊外のショッピングセンターやネット販売は、大企業のチェーン店が多く、そのほとんどが日本の大都市や海外に拠点を置く企業なので、それらのショッピングセンターの利益は、あまり地域にはもたらされない。地域に産業が起こらず、町は活気を失っている。住民密着の店を作ったり、大都市からの観光客を呼び込むなどの工夫が行われているが、抜本的な解決策は見つけられずにいる。

☑ IoT

IoTとは「モノのインターネット」(Internet of Things)のこと。モノがコンピュータにケーブルでつながらないまま、インターネットに接続されて様々な物をコントロールする仕組みのことをいう。たとえば、IoT家電の場合、外出先から自宅のテレビやエアコンなどを操作できる。スマホなどに話しかけるだけで家電を操作したり、音楽を聴いたり、知りたい情報を教えてもらったりもできる。

☑ コンパクトシティ

現在の農村地帯や小都市は、広い地域に少ない人口が散在している。そのために、都市機能が成り立っていない。そこで、狭い地域に集中させようというのがコンパクトシティ構想だ。その小さな区域に、住居や様々な施設を集中させようとする。そうすると、病院や学校、図書館、小売店などが集められる。人々の出会いの場所もできる。経済的に効率よく進められる。

ただし、そのようなコンパクトシティには、これまで住んできた家を捨て、人工的に街をつくることになるので、昔から続いた山間部や農村の文化を絶やしてしまうことになりかねない。すぐに実現させるのは難しい。

農業再生

日本の農業は国際競争力が低いと言われる。それは、大規模化されておらず、生産コストが高いからだ。また、農家の後継者不足も深刻である。それならば、企業が農地を借り上げて、大規模化できるようにするとよいのではないだろうか。また、そうすれば、農業で雇用を生むことができるだろう。その一方で、生産者が野菜や果物などを直接売るシステムをつくれば、消費者は安心して買うことができる。安全なものであれば、多少高くても売れるだろう。このように、農業がサービス業化すれば、日本の農業は強くなり、食料自給率も上がっていくだろう。

観光立国・日本

観光も一つの大きな産業である。観光地は、日本国内だけでなく、海外からもたくさんの観光客が来てくれれば、それだけ経済が潤う。雇用も生まれる。そのため、日本は近年、観光で経済を成長させようという観光立国を目指してきた。国は観光庁までつくった。しかし、福島の原発事故の影響で、海外からの観光客の足が日本から遠のいてしまった。二〇一三年以降は、円安の影響もあり、外国人観光客が再び増え始めたが、それでもまだ日本のGDPに占める観光業の割合は比較的少ない。日本経済にとって今後も、観光が大いに発展する可能性のある産業であることは間違いない。

推薦図書

『**コロナ後の世界を生きる――私たちの提言**』（村上陽一郎編　岩波新書）

各界の第一人者二四名がそれぞれの立場から、コロナ後の世界について語っている。全部を読む必要はないが、志望学部と関連のある項目を読んでみるといい。コロナ禍によって何がわかったのか、これからどうなるのかを考えるヒントになる。すべての学部を志望している人に読んでほしい本だ。

医療・福祉系

新型コロナウイルスの最大の当事者は医療従事者だった。多くの医療従事者がウイルスとの戦いに没頭した。直接かかわらない人も、戦々恐々とした状況の中で、新型コロナウイルスを恐れ、感染しないように最大の警戒をしながら医療の仕事にあたらなければならなかった。とはいえ、大学入試小論文にコロナとの戦いの医学的な問題（治療法、医薬品）について出題されるとは考えにくい。むしろ、背景にある問題が出題される可能性がある。

☑ 医療従事者の安全

感染が問題になるとき、最も重視するべきなのは、医療従事者本人たちの感染防止だ。ワクチンが誕生したら、最初に使うべきなのも医療従事者だ。医療従事者が健康でいられてこそ、コロナとの戦いに挑める。健康を害してしまったら、医療行為が行えないばかりか、健康な人にも病気をうつすことになりかねない。まさに医療崩壊という最もあってはならないことが起こる。そのような心構えが小論文問題で問われる可能性がある。

☑ 病院の公益性

コロナ禍の中、病院の多くが収益を落とした。新型コロナウイルスの治療にあたった病院は、それにかかりきりでほかの病気の治療ができずに患者数を減らした。新型コロナウイルスのために広い病室、たくさんのベッド、たくさんの器具を用意しなければならないことも収益を落とす原因だった。

新型コロナウイルスの治療にあたらなかった病

院、あるいは小さな医院も、軒並み患者を減らした。感染を恐れた人々が少々体調が悪くても病院・医院に行かなかったのが原因だった。このような状況によって病院が倒産したりするようなことになれば元も子もない。

病院は一般企業と異なって住民の健康と生命にかかわる公益性の高い機関だ。政府や都道府県が補助をして、しっかりと治療を行っている病院が倒産したりすることのないようにサポートする必要がある。

☑ゲノム編集

ゲノムとは、遺伝情報の総体のこと。このゲノムを自由に編集して、遺伝情報を書き換えたり、付け加えたりできる技術が「ゲノム編集」だ。それができれば、農作物の品種改良ができることはもちろん、人間のゲノムを操作して、その人の持っている病気はもちろん、性格や体格や能力までも変えることができるといわれている。いわば、神の領域の行為ができるようになる。

ゲノム編集技術が発達すると、生物学、医学、農業などの分野で飛躍的な発展が可能になるが、同時に、倫理面で大きな問題が出てくると考えられる。

☑外国人看護師の就労受け入れ

現在、インドネシアやフィリピン・ベトナムと結んだ経済連携協定（ＥＰＡ）にもとづいて、両国から看護師と介護福祉士の候補生を受け入れている。みな自分の国では看護師などの資格をもっているが、日本に滞在して就労・研修の三年（介護福祉士は四年）以内に日本の国家試験に合格しないと帰国しなければならない。日本の国家試験はもちろん日本語で行われるので、日本語が大きな壁になっている。看護師不足を補うために、こうした国々の看護師に働きにきてもらうのだから、日本人と同じ国家試験を課すのは厳しすぎるとの意見もある。

推薦図書

『ベーシック 医療問題』(池上直己著　日経文庫)

日本の医療問題について分かりやすく解説してあり、基本的な知識をつけたいという人にはお薦め。アメリカ、フランス、ドイツなどの例も紹介されており、日本の医療制度の問題点を海外の制度と比較して捉えることができる。

農・理工・生活系

農学部系では、農業の問題だけでなく、地球環境の問題について幅広く出題される可能性がある。理工学部系は、小論文といっても、実際は説明問題であることが多いのだが、もし何か論じる課題が出るとするなら、科学技術のあり方や、科学者や技術者の社会的責任といったことが問われるだろう。生活系では、新型コロナ問題に関連して、家族や友人と食事をするときの、ウイルス感染を拡大させない安全な食習慣のあり方などが問われる可能性がある。

☑ 食の安全

私たちが普段食べている食品の安全性を揺るがすような事件がときどき起こる。たとえば、福島の原発事故で出た放射性物質に汚染された食物の問題がある。セシウムが福島で飼育された牛肉から検出されたが、今後も、米や魚などに出る恐れがある。なお、放射性物質の場合、国は暫定的な安全基準を定めたが、消費者が求めているのは、科学的な安全性ではなくて、「安心」だろう。どんなに少量の放射性物質であっても、一度体内に取り込んでしまったら、内部被曝《ひばく》してしまう恐れがあり、安心できない。

☑ 地産地消

地域生産地域消費を略した言葉で、その地域でつくった農産物をその地域で消費しようというもの。地方自治体単位で、地産地消の取り組みが進められているようだ。今は、外国産の安い農産物がスーパーに並んでいるが、地産地消を進めることで、消費者は値段が多少高くても安全で質のよい地元の農産物を買うようになるだろう。だれがつくったのか生産者の顔が見えるので、安心できるからだ。そして、これは食料自給率を上げることにもつながっていくのである。

☑ 食品ロス

食品ロスは、まず農場や食品工場で、商品を作りすぎたり、規格外品が出てしまったりして生まれる。また、スーパーやコンビニなどの小売店、レストランなどの飲食店での売れ残りや食べ残し、一般家庭での賞味期限切れなどによって起こる。

食品ロスは食べ物の無駄なので、できるだけ減らすのが望ましい。農場や食品工場などで規格にこだわらないで、規格外であっても消費するようにするシステムを作る必要もあるだろう。また、料理店などでは、予約制を増やす方法などが考えられる。予約した分だけ材料を仕入れて作れば無駄は出ない。

賞味期限の迫ったものを安く売るシステムを作ったり、貧しくて食事を満足に与えられない子どもたちに食事を与える「こども食堂」に賞味期限切れのものを無償に近い金額で譲ったりする方法もある。

なお、賞味期限というのは、「これを過ぎたらおいしく食べられなくなる」期日のことだ。消費期限（「これを過ぎたら、食べないほうがよい」）とは異なって、食べても害になるわけではないので、期限が切れても十分に活用できる。

☑ 食料自給率

食料自給率とは、食料消費全体のうち、国内で生産された農産物でどれくらい賄われているかを示すもの。国民が外国から輸入した農産物を食べている割合が多ければ多いほど、食料自給率は低くなる。食料自給率の計算方法には三つある。一つは、消費された農産物の重さで割合を出す「重量ベース自給率」。二つめは、消費された農産物のカロリーで割合を出す「カロリーベース自給率」。三つめは、消費された農産物の値段で割合を出す「生産額ベース自給率」。通常、食料自給率というと、二つめの「カロリーベース自給率」のことだ。日本は令和元年度で、自給率が三八％と、低い水準にある。どのように自給率を高めるかが課題になっている。

☑ 児童虐待

子どもを虐待すること。日本では、保護者が児童に虐待を行うことを指す。児童虐待には、児童の体に暴行を加える「身体的虐待」、児童に性的な行為を強要する「性的虐待」、児童に食事を与えなかったり、身の回りの世話をしなかったりする「ネグレクト」（育児放棄など）、児童に暴言を吐いたりして児童の心に深い傷を与える「心理的虐待」などがある。様々な機関が、子どもを持つ若い両親へのサポートやカウンセリングを行って、親が孤立したり、自分たちのうっ憤を子どもにぶつけることのないように指導している。しかし、児童相談所は、虐待が疑われるケースでも、親が拒否すると強制的に家庭内に立ち入る権利を持たない。そのため、せっかく児童相談所が虐待を把握していても、虐待された児童が重傷を負ったり殺されたりといった悲惨な結末になることも少なくない。何らかの機関が虐待の疑われる家庭に強制的に立ち入る権利を認めるべきだという議論もなされている。

推薦図書

『食料を読む』（鈴木宣弘、木下順子著　日経文庫）

二〇〇七年から二〇〇八年にかけての世界的な食料危機がどうして起きたのかを解説し、日本の今後の食料政策はどうあるべきかを見通している。食料問題について基本的なことが知りたい人は、本書を読むとよい。現代にも十分に通用する本だ。

環境情報・総合政策系

コロナ後の日本をどう立て直していくのか、これがテーマとして出される可能性が高いだろう。

コロナ禍によって何がどう変わったのか、何が浮き彫りになったのか、これからの社会でコロナの影響は残るのか、これからの社会をどうつくっていくのか。そうした問題をこれらの学部は重視する。ほかの学部以上に、コロナ問題の出題頻度が高いだろう。

推薦図書

『コロナ後の世界を生きる―私たちの提言』（村上陽一郎編　岩波新書）

経済・商・経営系で推薦したのと同じ本だが、これらの学部では、この本のⅢ・Ⅳの部分が特に重要だろう。

本書は、ロングセラーとして受験生に読み継がれてきた『試験にでる小論文「10大テーマ」の受かる書き方』（小社刊二〇一一年）を大幅に改訂したものです。

著者紹介

樋口裕一　1951年大分県生まれ。早稲田大学第一文学部卒業後、立教大学大学院博士課程満期退学。小論文指導の第一人者として受験生はもとより教育界、産業界からも圧倒的支持を得ている。多摩大学名誉教授。小論文通信指導「白藍塾」塾長。ＭＪ日本語教育学院学院長。

山口雅敏　1967年群馬県生まれ。中央大学文学部卒業後、中央大学大学院博士課程満期退学。中央大学、法政大学、日本工業大学、昭和女子大学非常勤講師。白藍塾講師。

＜樋口裕一主宰・小論文通信指導「白藍塾」・資料請求先＞
〒161-0033　東京都新宿区下落合1-5-18-208　白藍塾
フリーダイヤル　0120-890-195
ホームページ　https://hakuranjuku.co.jp/

試験《しけん》にでる小論文《しょうろんぶん》
「10大《だい》テーマ」の受《う》かる書《か》き方《かた》　最新版《さいしんばん》

2021年１月20日　第１刷

著　者　樋《ひ》口《ぐち》裕《ゆう》一《いち》
　　　　山《やま》口《ぐち》雅《まさ》敏《とし》

発行者　小澤源太郎

責任編集　株式会社 プライム涌光
電話　編集部　03(3203)2850

発行所　株式会社 青春出版社
東京都新宿区若松町12番１号　〒162-0056
振替番号　00190-7-98602
電話　営業部　03(3207)1916

印刷　中央精版印刷　　製本　フォーネット社

万一、落丁、乱丁がありました節は、お取りかえします。
ISBN978-4-413-23188-6 C0081